大展好書　好書大展
品嘗好書　冠群可期

大展好書　好書大展
品嘗好書　冠群可期

彩色圖解
太極武術
20

楊氏 51 式太極劍

（附 VCD）

趙幼斌　著

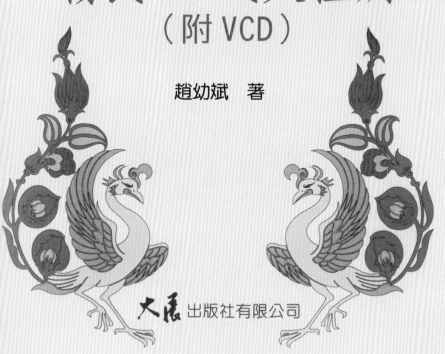

大展出版社有限公司

國家圖書館出版品預行編目資料

楊氏 51 式太極劍＋VCD／趙 幼 斌　著
　　　——初版，——臺北市，大展，2005〔民 94〕
　　　面；21 公分，——（彩色圖解太極武術；20）
　　　ISBN　957 - 468 - 427 - x（平裝；附影音光碟）
　　1.劍術
　　528.975　　　　　　　　　　　　　　　　94021210

楊氏 51 式太極劍＋VCD

ISBN　957 - 468 - 427 - x

著　　者／趙 幼 斌
責任編輯／佟　　暉
發 行 人／蔡 森 明
出 版 者／大展出版社有限公司
社　　址／台北市北投區（石牌）致遠一路 2 段 12 巷 1 號
電　　話／（02）28236031・28236033・28233123
傳　　眞／（02）28272069
郵政劃撥／01669551
網　　址／www.dah-jaan.com.tw
E－mail／service@dah-jaan.com.tw
登 記 證／局版臺業字第 2171 號
承 印 者／弼聖彩色印刷有限公司
裝　　訂／建鑫印刷裝訂有限公司
排 版 者／弘益電腦排版有限公司
授 權 者／北京體育大學出版社
初版 1 刷／2006 年（民 95 年）1 月

定　價／350 元

楊澄甫宗師（1883-1936）

趙斌老師（1906-1999）

作者　趙幼斌

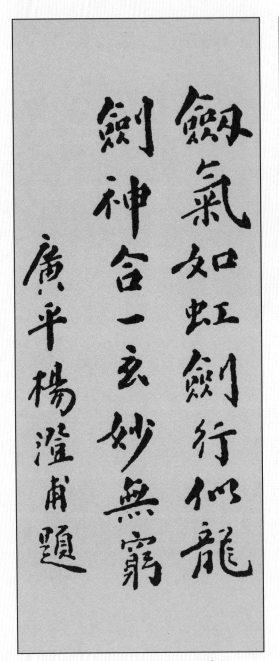

驕不专恒
赵斌 題

赵斌老師為西安永年楊氏太極拳
學會題四字箴言

劍氣如虹劍行似龍
劍神合一玄妙無窮
廣平楊澄甫題

楊澄甫宗師題詞（字為代筆）

守诚　处和
持恒　求精

赵幼斌老師為西安永年楊氏太極拳
學會題八字會規

作 者 簡 介

　　趙幼斌 1950年生於西安，祖籍河北省永年縣廣府鎮。其父爲楊氏太極拳定型者楊澄甫宗師的侄外孫、楊氏太極拳第四代嫡傳人趙斌先生。他七歲習武，對楊氏太極拳探求不綴，領悟頗深，悉心傳播，成就斐然，是我國楊氏太極拳第五代傳人中的優秀代表之一。

　　趙幼斌先生現任陝西省武術協會委員、西安市武術協會委員、西安永年楊氏太極拳學會會長，並兼任中國永年國際太極拳聯誼會副秘書長，西安交通大學、南開大學、香港中文大學等高校及深圳太極拳研究會、泰國永年楊氏太極拳學會等組織的名譽會長和教練。著有《楊氏太極拳眞傳》、《楊氏28式太極拳》、《楊氏51式太極劍》等書及配套VCD教學光碟，並發表太極拳論述多篇。他所組編的楊氏28式和37式太極拳表演競賽套路，在海內外具有廣泛影響。

聯繫方式：

1. 深圳市圓嶺新村 88 棟 4 單元 208 室

　郵編：518028

　電話：0755-82126985

2. 西安市東關樂居廠正街 155 號

　郵編：710048

　電話：029-2223589

　E-mail：zhaoyoubin@yahoo.com

作者的話

　　劍是我國傳統武術中的重要短兵器之一，被譽爲「百兵之君」、「短兵之王」，在冷兵器時代戰場上曾發揮過重要作用。文人雅士們也把舞劍作爲陶冶情操、強身健體的重要方式。近代以來，隨著太極拳的普及推廣，太極劍又以其柔和優美的風格和獨特的健身功能，深受人們的喜愛。目前，楊氏太極劍和楊氏太極拳一樣，成爲國內外普及最廣泛的武術套路之一。原國家體委推廣的 32 式太極劍，就是在楊氏太極劍的基礎上創編而成的。

　　太極劍亦稱「綿體劍」，其特點是：劍法清晰，動作規整，舒展圓活，連綿不斷，快慢相間，體用兼備。其動作名稱多以象形取意，高雅別緻。在劍法的運用上，講究以心行氣，以氣運身，以身運劍，劍神合一。演練中要做到凝神斂氣，形神兼備，身與劍合，劍與意合，意與神合。正如楊澄甫先師所言：「劍氣如虹，劍行似龍，劍神合一，玄妙無窮。」

　　太極劍和太極拳的練習要領基本相同，但畢竟多了一件器械，而且拳重平穩而劍重靈活。在練好太極拳的基礎上，能進一步學好太極劍，對於提高太極功夫的綜合素質，無疑具有相得益彰、更上一層樓的作用。

　　我父親趙斌（1906～1999）是楊澄甫先師的侄外孫，自幼隨其外祖父楊澄甫習拳。我 7 歲時，父親就開始向我傳

授楊家太極的系列套路。父親早年畢業於黃埔軍校六期，半生戎馬，解放後在西安專事太極拳傳授40餘載，桃李天下。繼承父志，弘揚中國優秀傳統文化，讓太極瑰寶爲海內外更多的人服務，這是我畢生義不容辭的責任。

1985年，我父親完成了《楊氏太極拳正宗》一書的初稿，後經我和路迪民老師進一步整理，於1992年1月由三秦出版社出版。2001年經補充修訂，易名爲《楊氏太極拳眞傳》，由北京體育大學出版社再版。其後，我父親又著手撰寫太極劍的書。他在1985年的手稿中曾有這樣一段話：「余自幼向外祖父學習拳、劍、刀、推手，解放前戎馬倥傯，解放後在西安授拳卅餘載，今已八旬，自當整理多年之心得，以饗讀者。」但後因種種原因未能完成這部書稿。

爲完成先父遺願，把楊氏傳統太極劍介紹給世人，以盡到我們應盡的責任，我編寫了這本《楊氏51式太極劍》。這本書既有我父親一生的經驗總結，也有自己多年習拳、教學的心得體會。本書「楊氏太極劍動作圖解」一章，就參照了我父親的部分手稿。另外，考慮到本門練法不盡統一，故對不同練法亦略加說明。然，太極劍法易練難精，雖有感悟，亦難盡其玄妙，不及先輩技藝之一二，此書不足之處，誠望方家指正。

師兄路迪民先生對全書進行了審校。香港吳釗漢先生爲本書拍攝了動作照片。子趙亮在此書編寫和套路整理過程中做了大量輔助工作。天津佟樓中學高級教師陳敏老師、南開大學張健博士和體育部青年教師曹紅娟，爲書稿的打印、校對付出了許多辛勞，在此一併深表感謝。

趙幼斌　於深圳

太極劍基本技術要求

　　太極劍的基本技術內容和要求，主要包括身型身法、步型步法、腿法、眼法、握劍法、劍法等動作姿勢的要領及規範化要求。它表述的是：在劍術中具有動作特性特點和在靜止或相對運動中所處狀態的做法。由於太極劍術整體動作的鍛鍊方法來源於太極拳，因此，太極拳手、眼、身、步的做法和技術要求，也是對太極劍術的共同要求，這些要求在《楊氏太極拳真傳》和其它專著中多有介紹，故本章對上述內容只作簡要說明。

一、身型身法

　　1.頭：向上虛領，下頜微內收，頭正直，面部表情自然。頭部不可俯仰或偏擺。

　　2.頸：隨頭上領而輕提，頸椎鬆豎，頸部肌肉不可緊張。

　　3.肩：保持鬆沉，能鬆得下才能有沉，沉勁貫肘。肩頭不可聳起或前扣後張。

　　4.肘：自然下垂，保持鬆活。能鬆肩才能墜肘，肘墜則肩沉，力貫手腕。不可僵直，肘尖不外揚，也不夾肋。

　　5.腕：持劍手腕要旋轉靈活，柔韌有力。腕帶肘勁，肘催腕力，不可強硬，也不可無力。劍指和沉腕弧度隨劍勢保持或變化，不可強坐，也不可凸腕。

6.手：握劍要指掌相合。指要扣、（手）心要空、（手）背要撐、腕為根，力度和形狀要變化靈敏，不可僵硬，也不可軟弱。

7.胸：平順，鬆舒自然，不要前挺，也不故意內縮。

8.背：鬆拔自然，不可前頂，也不可彎背。

9.腰：要放鬆，命門微後凸，腰為主宰，運轉靈活。腰不可前挺，也不可故意後弓。

10.脊：隨頸椎上領而鬆豎，保持正直。不可僵直，不可歪斜。

11.臀：尾骨內收臀斂，不可凸出或左右扭擺。

12.胯：胯鬆襠圓，開合自然。不可頂胯，不可夾襠。

13.膝：膝關節放鬆，伸屈柔和自然。

14.腳：提起時腳腕放鬆，腳跟或腳尖著地要輕柔實穩。

對身體各部位和身法的要求，總的說要中正自然，協調順遂，舒暢合度，內外相合，周身上下前後左右對稱互撐，貫穿完整。不可犯僵滯浮軟等弊病。同時留意身體各部位在動態中做到：肩與胯合、肘與膝合、手與足合的空間對稱相合關係。

二、步型步法

1.弓步：前腿全腳著地，屈膝前弓，腳尖朝前，膝蓋與腳尖對正，不超過腳尖。後腿自然伸直，腳尖內扣約45度，兩腳內側橫向距離約20公分。

2.側弓步：此步型多在扣腳轉身時用，如「白虎攬尾」接「魚躍龍門」。一腿屈膝前弓，支撐重心，腳尖內

扣約45度，膝蓋不超過腳尖。另一腿在體側自然伸直，腳尖朝前，兩腳近似平行。

3.**馬步**：兩腳左右開立，約為腳長的三倍，兩腳尖朝正前方，屈膝半蹲，斂臀坐胯，膝蓋不可過腳尖，也不夾不張。襠勁重心位置在兩腿中間，開胯圓襠。

4.**虛步**：一腿屈膝下蹲，支撐重心，腳尖外撇45度，另一腳自然前伸，腳跟或腳尖放鬆著地，膝微屈，兩腳橫向距離約15公分。定勢時，膝對腳尖，圓襠沉胯，襠勁重心位置在後十分之九處。

5.**開立步**：兩腳左右分開，腳尖朝前，身體正直，兩腳心距離同肩寬。

6.**仆步**：一腿屈膝全蹲，另一腿自然平鋪伸直，重心全在實腿，如「燕子抄水」。

7.**丁步**：一腿屈膝半蹲坐實，全腳著地，另一腿屈膝以腳掌或腳尖在實腿內側支地。虛實分明，腿部肌肉放鬆。如「懷中抱月」。

8.**獨立步**：一腿自然直立，另一腿在體前或體側屈膝提起，高過於胯，小腿自然放鬆下垂，腳面微繃平，腳心對另一腿膝蓋，直立腿直中寓虛，收腰胯，腿不夾，身體中正。如「魁星式」、「挑簾式」、「宿鳥投林」等。

關於步法，主要指上步、退步、跳步、跟步、蓋步、碾步等在動態中的做法要求。太極劍對步法的要求與太極拳基本相同，如：虛實漸變，控制平穩，潛換重心，虛實分明，做到「邁步似貓行」。特別要留意腰、胯、腿、膝、腳在動態中姿勢勁點相互變化、相互依賴、相互協調的關係。比如提腳變步時三節同動的運動規律。三節是指

圖1

腳為梢節、膝為中節、胯為根節。如筆者認為，做「摟膝拗步」後腿由後向前的運動過程，開始提步時三節關係為「中節領、梢節隨、根節鬆」；當膝提收到中間、腳再向前伸出時，三節關係則應變為「梢節領、中節隨、根節催」。

三、劍　指

(一)劍指的形狀和要求

劍指亦稱劍訣，是太極劍套路中不持劍的手捏成的形狀。做法是：食指和中指伸直併攏，無名指和小指屈回手心，拇指壓在無名指第一指節上。如（圖1）。

在一趟太極劍套路演練過程中，除個別動作姿勢另有要求外，左手要始終捏成劍指狀，不可隨意將拇指或小指分離翹起，也不可將食指和中指分開，還要掌握好劍指的弛張程度：

①拇指與無名指、小指相合，不要壓得太癟，手形不要緊縮，要使手心微圓撐，掌骨之間微撐開。

②食指和中指不可彎曲，也不可過直上翹，要使劍指與手背保持平直。

③視姿勢動作要求，腕部要保持劍指與小手臂的平直，或腕部微沉或坐腕豎指。如：「鳳凰雙展翅」其腕部宜平直；「三環套月」的「弓步前指」腕部宜微沉；「魁星式」的「獨立架劍」腕部宜沉坐，指豎起。但不論哪種情況，皆不能使腕部凸起、指尖下垂，失勢失神。

(二)劍指的功用

在劍術演練中，多以右手持劍左手為劍指，劍指連同其手臂的各種動作與姿勢，對右手持劍演練劍術起著協調配合和畫龍點睛的作用。

1. 可協調身勢，增加劍的使用力度。如做「天馬飛瀑」掄劍向下劈時，左手劍指要同時向右腕部圈合，可以帶動腰力，增大向下劈劍的力度。

2. 領引劍路，平衡劍勢，增強神韻，起到劍術優美的表現效果。如做「懷中抱月」、「犀牛望月」動作，右手帶劍收回，左手畫弧圓轉，可使劍勢曲直相配、剛柔相合，不僅使動作與名稱象形自然傳神，也起到開合腰腿、平衡劍勢、增勢助力的運劍效果。

3. 可助劍法的技擊作用。如做「青龍出水」，對方用劍向我中上部刺來，我以平劍架禦來劍，同時進兩步逼近對方，出左手穿進對方右臂下托其肘腕，對方必亮正中，進而發揮我刺劍的技擊效果。也可用劍指刺喉戳眼。

(三)劍指運用規律

對劍指的動作，還要掌握規律，運用得當，既不可過於單調使劍勢呆板，也不可隨意畫圈而顯輕浮。

1. 「以指領劍，指劍相隨」。比如「魁星式」的「獨立架劍」定式，左手劍指與胸高並指向東（設起勢朝南），此時劍指微上翹，使劍指向前上方的延長線與劍尖朝東的延長線相交於一點則勢整，若豎直上翹則顯氣短，若向前平指則勁散，若劍指歪向左右則勢不整，若凸腕垂

指則無神；接下來「獨立沉刺」動作，劍指要隨落劍而指向劍柄；接做「仆步撐掃」時，劍指要從劍柄開始，引著劍身畫弧，直至到位，左臂圓撐，劍指仍要遙指劍尖。

2.「同開同合，對稱協調」。一般來說，當動作是收蓄勢時，劍指與劍柄同合；動作是開展勢時，劍指與劍尖同分。比如做「流星趕月」動作，當右手持劍由後向上向前掄劈時，左手劍指則相應地向下向後分展；接下來做「天馬飛瀑」由上向下虛步劈劍時，左手劍指則與劍柄相合。

另外，劍指手心的方向也應注意。當劍在身前為立劍時，劍指在身後也為立劍指，即劍指朝後，手心朝右；當劍在身前為仰手平劍時，則劍指在身後為俯手平劍指，即劍指朝後，手心朝下。凡此種種，不一而論，望習者自悟。

四、握　劍

握劍也叫持劍。有左手握劍，也有右手握劍。左手握劍多用於預備勢、起勢和收勢，右手握劍施展劍法。

握劍的方法稱握法或把法。正確的握劍方法和握法的熟練變化，是靈活運用各種劍法、勁法的關鍵。握劍的手與劍柄之間，要隨劍法的變化而隨時變化指關節、腕關節的狀態，其掌緣、掌根、掌背、手指、虎口各部位的著力點和輕重也隨時起變化，並在變化中牢固控制劍柄，防止不慎飛出或被震落。握劍法的要求可歸結為「一牢二活」四字，其握劍要點即古劍譜中所謂「手心空、握劍活」。

握劍的作法是：拇指與中指、無名指扣住劍柄，食指

與小指輔助扣住劍柄，以增加牢度和力度。但當劍法變化時，如劍前刺或向後抽帶，食指、中指、無名指可相互替換與拇指主扣握劍柄的地位，其餘手指輔助於劍柄而增加牢度和力度。劈劍或內掃時，食指鬆，小拇指要向內用力，虎口前壓，形成一個力偶。向上挑劍或外掃時，小拇指鬆，食指向內用力，手腕下壓，形成一個

圖 2

力偶。劍法變化時手心要空，當劍身著力時手心要實，手掌背亦要隨虛實變化而變化鬆緊力度。

　　另外，握劍柄的位置也需注意。一般虎口握在離護手下端約 10 毫米的位置為宜，不可使虎口緊貼護手，這樣易失之靈活。

　　下面，介紹幾種主要握劍方法。

(一)左手握劍法

　　在不用劍的時候，劍插進鞘裡，或佩或背或提或抱。古習多將劍繫在或固定在身體的某一部位，如佩劍是把劍掛在腰間，背劍是背在身後，都不用手。提劍或抱劍一般用左手。提劍是左手提握住劍鞘的前端，使劍把在前，劍鞘在後，以大拇指能按捺住護手頂端為度，如（圖 2）所示。

　　當要劍出鞘時，右手握住柄，左手拇指向前一頂，使劍脫鞘即可。抱劍是指左手反手握劍的方法，即劍鞘朝上，劍把朝下，護手貼在左掌心上，拇指扣住護手一側上端，中指、無名指和小指扣住護手另一下端，食指伸直貼

圖3　　　　　　圖4　　　　　　圖5

於劍柄上，掌根輕貼在劍鞘口端，劍鞘平面輕貼在小臂上。這種抱劍方式可將劍抱在小臂後，如（圖3）所示，也可將劍抱在小臂前，如（圖4）所示。圖4是劍不出鞘時一種較為自然安全且有禮貌的持劍方法，當兩人對峙需要劍出鞘時，則翻轉手臂，將劍轉朝後，然後右手握住劍柄前抽，左手握住劍鞘後拉，使劍與鞘瞬間脫離。這就是楊氏傳統太極劍預備式劍在小臂前持劍的原由。

　　實際上，平時持劍都是劍與鞘在一起，在用劍時才抽出，左手可拿住劍鞘，也可棄掉，這裡僅以個人看法作以說明。出鞘後的左手反手握劍法與前述一樣，如（圖5）所示。

（二）右手握劍法

　　1.根據不同劍法的需要，右手握劍方法主要有以下幾種：

　　①滿把：虎口正對護手，拇指屈壓在食指的第2指節上，其餘四指併攏握緊劍柄，腕部挺直如握拳狀，適用於

圖6　　　　　　　　圖7　　　　　　　　圖8

劈、砍、架、按、壓等劍法，如（圖6）所示。

　　②**螺把**：虎口離護手稍遠，食指、中指、無名指和小指第一節依次扣住劍柄，形如「螺旋」狀，拇指緊扣於食指第1指節上，食指第2節靠近護手，腕關節微提。適用於刺、點等劍法，如（圖7）所示。

圖9

　　③**鉗把**：虎口靠近護手，以食指、拇指和虎口夾持劍柄，其餘3指自然附於劍柄，這種持法比較靈活，適用於抽、帶、雲、掛、反刺等劍法。如（圖8）所示。

　　④**雙手握劍**：雙手握劍是左手握在右手下邊的劍柄上，如（圖9）所示。或左手貼抱在手背上，如（圖10A、B）所示。它是一種助力性握劍法，在劍術套路中時有出現，如「跳步擺劍」、「朝天一柱香」等。其實，在劍需要增強力度、不失靈活的前提下，左手可隨時與右手同配合握劍。

圖 10A

圖 10B

圖 11

圖 12

圖 13

　　以上把法是在靜態或定式中的握劍方法，實際在動態中，幾種握法連用，要靈活掌握。

　　2. 根據握劍手心和劍刃的方向，又分：

　　①正手劍，也叫中陰劍——手心朝左，劍體為立劍，刃分上下，拇指一側的劍刃稱上刃或外刃，小指一側的劍刃稱下刃或裡刃。如（圖11）所示。

　　②反手劍，也叫中陽劍——手心內旋朝右，劍體為立劍，劍下刃朝上，劍上刃朝下。如（圖12）所示。

　　③仰手劍，也叫陽劍——手心朝上，劍體為平劍，刃分裡外，拇指一側的劍刃稱外刃，小指一側的劍刃稱內刃或裡刃。如（圖13）所示。

④俯手劍，也叫陰劍——手心朝下，劍體為平劍，劍外刃朝左，劍裡刃朝右。如（圖14）所示。

圖14

以上是手心朝上下左右四個正方向的握劍稱法。手心順時針或逆時針旋轉，使劍面斜朝左上、左下或右上、右下，一般稱為劍面斜朝左上、左下，或斜朝右上、右下即可。

此外，劍尖豎直朝上稱豎劍，劍尖垂直朝下稱垂劍。

五、基本劍法

劍法是劍術中的技法，也是太極拳勁法在劍術上的體現。傳統太極武術系列，如拳、劍、刀、杆等，都是附會八卦五行八五之數，講究十三法。所以，太極劍也叫十三劍，指「劈、刺、撩、掃、挑、斬、截、掛、崩、點、削、抹、攪」等不同劍法。其實，傳統太極劍術歷史悠久，劍法豐富，特點突出。單就劍法而言遠不限於此，各家十三劍法雖不盡相同，也只是概括各自套路中劍法的精要。因此，對太極劍法的認識，可不拘泥十三之說。但若對這些基本劍法掌握準確，練習熟練，且法法互成互融，則可達到升級有階、一通百通之效。

本書只介紹與本套路有關的主要劍法。

1. 劈 劍

立劍，自上而下為劈，一般為正握劍，劍身與手臂順直，力達下刃。如：「流星趕月」、「天馬飛瀑」。劈劍

還可分前、後、斜、掄等劈法。

2. 刺　劍

立劍或平劍，亦可斜劍，以劍尖向前直出為刺，劍與臂成一直線，力達劍尖。按刺劍不同方位，有上刺（喉頭以上），如「宿鳥投林」；平刺（胸上下），如「仙人指路」；下刺（腹膝之間），如「靈貓捕鼠」；低刺（腳踝），如「野馬跳澗」；探刺（身高劍低），如「哪吒探海」等。

3. 撩　劍

立劍，用小指一側劍刃，沿身側由下向前上方撩起為撩，力達劍刃前部。分正撩和反撩，正撩劍臂外旋，手心朝上，如「海底撈月」的「弓步撩劍」；反撩劍臂內旋，手心朝右，如「烏龍絞柱」的「弓步撩劍」等。

4. 掃　劍

平劍，劍從左到右，或從右向左，以大於 90 度的水平運動橫向畫弧為掃，力達劍鋒。如「左右邊攔掃」、「風掃梅花」等。這裡應留意掃劍與下面所講攔、抹劍的區別。

5. 挑　劍

立劍，正握劍，使劍尖由下向上，或由下向前上挑起，肘屈腕豎，力注劍上刃前端為挑。如「白虎攪尾」的「弓步挑劍」等；也有平劍上挑，其力點在劍尖。如「懷中抱月」等。這裡應留意「挑劍」與下面所講「崩劍」的區別。

6. 斬　劍

平劍，劍從左到右，或從右向左，高度在肩部以上，

力在劍刃中前部橫出為斬。如「白猿獻果」等。

7. 截　劍

立劍或斜立劍，劍身斜向下為下截，劍身斜向上為上截，成立劍向身體側後方截為後截，力在劍刃中前部。如「烏龍擺尾」等。

8. 掛　劍

立劍，劍尖由前向上、向後，或向下、向後向體兩側立圓回收為掛，力達劍身中前部。如「朝天一柱香」、「右車輪」等。

9. 崩　劍

立劍，或平劍，崩劍時手腕凸沉，使劍尖上翹，發力於腕，力達劍尖。如「鳳凰抬頭」等。

10. 點　劍

立劍，垂劍尖提腕，以反向力將力注向劍尖為點。如「燕子銜泥」等。

11. 削　劍

平劍，手心斜朝上持劍，由左側下方朝右側前上方斜出為削，力達劍鋒。如「鳳凰雙展翅」等。

12. 抹　劍

平劍，從一側經前弧形向另一側回抽為抹，劍尖側朝前，腕與劍平，力在劍刃上，向前滑動。如「左右邊攔掃」。

13. 攪　劍

以腕、肘、肩等關節為軸心，使劍身以圓錐形絞動為攪劍。其圈可大可小，力在劍身上轉動。如「白虎攪尾」等。

14. 攔　劍

斜劍，由體兩側向前斜上方或前斜下方推進為攔，左攔劍手心朝下，由左側向前為左攔；右攔劍手心朝上，由右側向前為右攔，力達劍身。如「左右迎風揮塵」等。

15. 格　劍

平劍，持劍在身前向左或向右橫擺為格，劍尖稍朝上或稍朝下，力在劍刃中後部。如「鳳凰右展翅」等。

16. 帶　劍

平劍或立劍，劍尖在前，屈肘將劍向體兩側拉回為帶，力在劍身。如「左右落花」等。

17. 抽　劍

平劍或立劍，劍尖在前，屈肘將劍向懷中撤回為抽；或劍尖朝身後或體側，屈肘將劍水平向體前拉為抽，力在劍身。如「勒馬式」等。

18. 雲　劍

以腕關節為軸，將劍在頭的前上方向左或向右環繞一周為雲，力達劍身前部。如「左右迎風揮塵」。

19. 架　劍

立劍，劍身橫向上為架，劍高過頭，手心朝外，力達劍內刃。如「魁星式」。

20. 壓　劍

平劍，手心朝下，劍由上往下按為壓，力在劍身中後部。如「順水推舟」的「扣步壓劍」。

21. 抱　劍

右手持劍，左手掌合於右手背為抱，一般為增強用劍力度，力達劍身。如「朝天一柱香」等。

以上介紹的 21 種劍法，尚未包括本書「太極劍動作圖解」中提及的其它劍法，如：擊、推、攆、鈎、豁、剪、割、切、撥、圈、繞、穿、勒、提等。有些劍法是用字不同，但其意相近。劍法雖然繁多，但按其功用可分為兩大類：

一是攻擊性劍法，包括劈、刺、斬、撩、截、擊、挑、掃、穿、攆、推、點、崩、削、抹、割、剪等；

另一類是防禦性劍法，包括攔、圈、攪、帶、抽、架、雲、勒、壓、格、掛、撥、提、切等。

然太極劍法運用的特點是避實就虛，防中寓攻而沾連化發；在攻與防之間以化為先，而忌磕、格、碰、撞。在一個劍式中往往是幾招連用，勁法連成。因此，對於劍法的認識，應在掌握基本劍法的基礎上，更著意於運用劍法的變化，達到「無形無象」、「應物自然」之意境方為上乘。

六、太極劍的練習

各傳統流派的太極劍，都和太極拳一樣，是體用兼備，健身效果與技擊功能相結合的。然而，太極劍的演練，已經遠遠超出了健身和技擊的功能，它的文化內涵和精神效應，是其它任何武術器械無法比擬的。

一般來說，應該先學太極拳，再學太極劍。從套路角度看，太極劍的動作要領，包括一些動作，都和太極拳是一致的。從技擊角度看，太極劍是太極拳的補充、延伸和發展。劍是手臂的補充和延伸，太極劍術是太極拳術的發展。練習太極拳要柔和緩慢，圓活連貫，以心行氣，以氣

運身，在技擊上講究以柔克剛，以迂為直，捨己從人，後發先至，太極劍依然。《莊子・說劍》有一段很有趣的記述：「夫為劍者，示之以虛，開之以利，後之以發，先之以至。」這正是太極拳、劍技法的生動描述。雖然不能說莊子講的就是太極劍，但可證明，中華武術隨著道家哲學的產生，早就蘊涵著太極拳、劍的原理和風格。它從另一個角度也證明了太極拳、劍源遠流長。所以，打好太極拳的基礎，是練好太極劍的重要條件。

早期練武，不學好太極拳，師傅是不教劍的，也不可能練好。當然，如果純粹為了健身，也可以先學太極劍，但要對各項要領嚴格要求，仔細琢磨，循序漸進，防止舞蹈化或體操化。

學習太極劍，也和學拳一樣，要先求形似，再求神似。欲達「形似」，除了「模仿」之外，一是要追求要領，二是要了解用法。要領是用法的保障，用法是要領的根據。要明白「為什麼」，才能融會貫通。為此，必須穩紮穩打，不能急於求成。

學拳容易改拳難，切不可失之過急。過去教拳，師父帶徒弟，一個動作要練好長時間才能繼續，現在多用辦班形式傳授，難免夾生，學完後要不斷鑽研改正。能在一年內把動作逐漸改正確，就算快速了。若不繼續請教追究，必然越練越走樣，甚至無法挽救了。

所謂「神似」，即在動作正確的基礎上，進而追求太極劍的意境、神韻、氣勢、風格，並追求其文化和精神內涵。不但要注意每個動作的身法步法劍法，還要注意某些整體要求。全身放鬆柔順，呼吸自然深長。

太極拳演練要速度均勻，太極劍則可以在劈、點、挑、刺的瞬間，適當加快速度，顯得更有氣勢（並非必須如此）。如果用長劍穗，還要考慮劍穗運轉的靈活性與美觀性，既要運劍又要運穗。神似的重點是意念鍛鍊，不但要「以心行氣，以氣運身」，還要「以身運劍，劍神合一」，進而身心兩忘，純以神行。凡此種種，已經進入「功夫無息法自修」的階段了。

楊澄甫先師有個太極劍的題詞：「劍氣如虹，劍行似龍，劍神合一，玄妙無窮。」此即神似的要求。這個題詞，我們首見於《武林》雜誌 1983 年第 11 期，不知何時為誰題寫。顯然，它是別人代先師所題，楊澄甫先師的學歷不高，沒有這樣的書法水準（有人說先師不識字，這不是事實）。從筆跡分析，可能是陳微明先生代筆。不管怎樣，我們把它看作「楊澄甫先師論劍術」還是可以的。

縱觀中華劍術的發展及其文化蘊涵，可以毫不誇張地說：劍是流動的詩歌，劍是傳神的書畫；劍是逸士高道的伴侶，劍是閑雲野鶴的象徵。實際上，劍也被古人作為一種求神祭天的法器和斬妖驅邪的寶物。《新唐書》記載，文宗時詔以李白歌詩、裴旻舞劍、張旭草書為三絕。吳道子觀看了裴旻舞劍後，援毫圖壁，颯然風起，為天下壯觀。道子平生年畫，得意無出於此者。裴旻舞劍能與「詩仙」李白和「草聖」張旭並列，使「畫聖」吳道子得意而落筆生風，創作出平生最好的作品，其藝術魅力，可想而知。太極劍術，必將伴隨著中華民族新的騰飛，在全民健身運動和精神文明建設中大放異彩。

楊氏太極劍動作名稱

關於動作圖解的說明

　　1. 圖解中對於動作方向的說明，一律按照面南起勢來描述。圖照中姿勢的方向也相當於從南面觀察的姿勢，即面向讀者等於向南，背向讀者等於向北。圖照右為東，左為西（特殊情況有說明）。初學時以面南起勢為佳，熟練後，可根據場地任選方向。

　　2. 太極劍各式的名稱，均按原譜，一字未改。為了便於讀者學習和理解，本書將每式分為幾個動作，給每個動作又起了一個名稱，這些名稱是否恰當，歡迎大家批評指正。

　　3. 序號的層次，各式名稱用「第一式」、「第二式」……，每「式」下用「動作1」、「動作2」……，各「動作」下用①、②、③作文字說明，在「要領」中請注意「動作1」和「動作①」的區別。

　　4. 圖片按照動作順序編號。同一動作有兩種做法者，分別用「圖×A」和「圖×B」表示，同一姿勢需要從不同角度圖示者，分別用該圖號的「後視圖」（從北面看）、「左視圖」（從西面看）、「右視圖」（從東面看）表示。個別與動作順序無關的圖，用「插圖×」表示。

　　5. 動作圖解說明中的臂「外旋」，是指將拇指所在的一側向掌背方向旋轉；臂「內旋」是指將拇指一側朝掌心方向旋轉。

6.動作說明中凡有「同時」二字者，其後的動作就要和前面的動作一齊進行，協調配合，不分先後。

預備勢

面南站立，兩腳左右分開，與肩同寬。左手反握劍，使劍身輕貼小臂內側，劍尖朝上，刃朝前後；右手五指伸展，兩臂自然下垂，兩掌心朝內，合於大腿外側。頭正直，目平視。（圖1）

【要領】

①預備勢要求立身中正安舒，沉肩、含胸、斂臀，身體重心落在兩腳心上。頭正直而虛領，目平視而自然，背鬆豎而沉胯，腿伸直而寓虛。精神集中，呼吸自然，守我之靜，待之以動。

②左手持劍鬆緊適度，使劍身中段輕貼肘窩處，不可將劍身搭在大臂或左肩上。兩臂下垂不宜太直，腋下微空，肘微開。

③按比賽或表演規則，預備勢也可兩足併攏，起勢時左腳再向左分開；也可按國家套路要求，將劍身置於左臂之後，劍尖仍朝上。

第一式　三環套月

動作1　起　勢

①兩臂同時向前平舉，隨舉隨臂外旋使掌心朝上，與肩同高同寬，劍身平貼小臂上，劍尖朝後。（圖2）

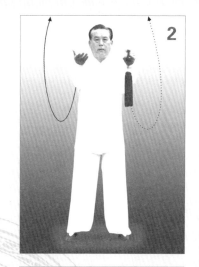

②兩臂以肘帶手，漸漸下落，經胯旁先向外、向上，再向前、向下環繞落至兩胯旁。兩臂隨繞隨內旋，繞至上方時兩掌心朝前，左手持劍使劍脊朝前，劍尖向下，而右手由掌漸變成劍指上指。（圖3）兩臂下落後，左掌心朝後，劍亦繞至臂後，仍貼小臂，使劍身豎直朝上；右手劍指微翹前指，掌根微沉。眼神略顧及兩臂起落環繞而平視。（圖4）

如果預備勢按照國家套路將劍身放在左臂之後，此動則兩臂前平舉，掌心朝下，再直接下落成（圖4）姿勢，不必環繞一大圈。

【要領】

①起勢由靜而動，動作宜舒緩圓滿。兩手平舉或由兩側上繞時周身骨節拔起，但勿使腳根起、聳肩或上體前俯後仰；兩臂落時骨節鬆落而虛領頂勁，勿使背彎腿蹲。

②當左手持劍向後、向上、向前環繞時，手腕應相隨地微畫小圈控制劍身從左臂內繞過，勿使劍尖觸及自身。

動作2 弓步前指

①兩腿屈膝下蹲，重心隨下蹲移至右腿，左腳跟微起，腳掌仍著地成丁步式。同時左臂向左、上、前、右畫弧屈至胸前，手心朝下，劍平貼小臂下，劍尖朝左，右手向右平舉，劍指向西，手心朝下。同時腰身隨擺臂微向右轉，眼神先稍顧及左手畫弧而移向右手前視。（圖5）

②右腳尖先內扣約30度，然後腰身微左轉，左腳向東邁出一步，先以腳跟著地。同時右臂沉肘外旋使掌心翻朝裡上，繼而屈臂收至耳旁，手心朝裡下；左手向下落至右腹前，臂呈弧形，劍身仍貼小臂下。眼神稍顧及兩手移動而向東前視。（圖6）

③蹬右腿，弓左腿，成左弓步式。隨弓步，左腳全掌落地，同時右手從耳旁向前伸出，劍指朝前，掌根微沉，高與肩齊；左手繼續向前、向左經膝前上方弧形摟至左胯旁，手心朝後，劍身仍輕貼小手臂，使劍豎立於身體左側。此為第一環。（圖7）

註：也有將動作1「起勢」視為第一環的。若此，則動作2「弓步前指」為過渡。

【要領】

①此勢似太極拳動作中的「左摟膝拗步」。做動作①時，蹲腿、屈臂、起手，以及轉腰擺頭，均需同時進行，「一動無有不動」。同時注意，頭隨眼右轉，但要端正。左臂在胸前要撐圓勿癟，兩肩鬆落，右胯沉坐。還應注意，由於重心在右腿，手向右，此時身法應略向右趨，使整體端正。此謂之身與勢相隨，則重心正，「不偏不倚」。若身不右趨則太正，太正反而不正。此規律在後邊的動作中亦要隨時把握得當。

②做動作②時，右腳尖內扣，是為了向左的弓步做準備。如太極拳中的「抱虎歸山」向右轉身邁步之前先左腳內扣。若動作②不扣腳，則在動作③弓步時扣腳或磨腳根，但要注意：一不可失去根力，二不可使身體起伏，三要自然順遂。這在後面有關動作裡亦如此。

③做動作②、③時，左腿應以膝提起小腿，使小腿自然領起，然後再伸足落地，方能輕靈隨和，「邁步似貓行」。切忌左腿整體提勁，或直接上步；摟膝、弓步、劍指前指要同時到位。此時應注意左臂腋下微開，勿使夾肋，也勿使亮肘。右手腕與肩平，掌根微沉，指微翹，勿使劍指低於腕或太上翹。同時注意身法要正，腰身不可向左扭，右肩不可前探。左手持劍畫弧摟膝時，劍身始終要貼住左小臂，不可使劍身離開小臂形成張角。

動作3　虛步環抱

　　①左腿重心不變，左胯微收，腰身稍向左轉，左腳尖隨之外撇45度踏實。同時右手劍指變掌，臂外旋，掌心斜朝上，左手持劍微向左展。（圖8）

　　②重心全部移於左腿，右腳向前以腳掌著地成右虛步式。與此同時，右手先沉落，然後雙手同時向外、向前上、向內畫弧至胸前。左手稍高，手心向下，劍尖朝左偏後；右手稍低，掌心向內，以手心輕攬劍穗。雙手畫弧的動作，即為第二環。（圖9、10及其右視圖附10）

　　此動作也可在撇左腳尖的同

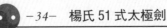

時，先將右手內旋使掌心朝前下（圖附8），然後在上右步的同時，直接將左手經胸前向正前方（東）伸出，手心朝下，劍身仍貼小臂，劍首指向東南。右臂外旋使掌心朝內回收，在護手下輕攬劍穗，兩臂環抱。眼神關顧兩手移動而前視。

【要領】

腳尖外撇，重心前移，及至右腳虛步落地，步履要平穩，腰身也要先左微轉再向右轉正；成虛步時，左腿沉坐暗含頂勁，右膝微屈，襠圓，胯腿間要有活氣。

動作4　進步交劍

①左腿重心不變，右腿輕提，兩臂略向身體兩側沉抽，左手心仍朝下，右手外旋使掌心朝裡上。目稍右視。（圖11）

②接著右腳在原地，或略向前一腳許下落，腳尖外展45度，同時兩臂隨右腳落地向身兩側外展，左手心仍朝下，右手內旋使掌心朝下。目光略向右手前視。（圖12）

③右腳隨即踏實，重心前移，左腿隨之向前一步，蹬右腿成左弓步式。隨弓步，兩手向前相合，左手心仍朝下，劍首指向東南。右手掌心朝下，虛握劍柄。兩臂呈弧形，高與胸平，眼神關顧兩臂合抱前視。此為第三環。（圖13）

【要領】

①由右虛步環抱到左腿弓步交劍，兩臂配合抽、展、開、合，要輕、柔、圓、順，腿到手到。不可腿先到手後到，也不可手先到腿後到。進步之中，與前勢相接，腰身要順勢先微右轉再向左轉正。

②太極劍名稱，多以形取象，以象取意，以意取名。如第一式「三環套月」似喻明月當空，周圍一圈月暈，「月暈而風」，預示來日天氣有變。「三環」，意為變化多端，而「三環套月」這一組動作，實為展示這套劍術套路的「開勢」。包含「由靜到動」、「以禮待賓」之太極內涵，起到運身、運勢、運勁、運氣、運神之作用，蘊涵太極劍術精妙多端、出神入化的韻律。因而，在做此一組動作時，應把握住慢、勻、展、連四個特點，力求動作緩慢舒展，連貫均勻，內固精神，外示安逸。

第二式　魁星式

和後面的「小魁星」相對應，此勢亦稱「大魁星」。

動作1　收步截挑

①左腳尖內扣，腰身隨之右轉向南，接著右腳收回半步，腳尖內扣著地，重心仍在左腿。同時兩臂略沉，右手握劍，左手變劍指，手心朝下，置右腕處。眼略向右視。（圖14）

②右腳落實，重心右移。左腳變虛，腳跟微起。隨重心右移，右手持劍向右下抽截，反手劍使劍尖指向右下方，力達小指一側劍內刃前端，左手劍指仍跟在右腕內。眼視劍尖。（圖15）

③前勢不停，右手隨即翻轉手腕成正手劍將劍挑起，使劍身朝右上方（西南）約45度豎起，力達拇指一側劍外刃前端。左手劍指仍指向右腕內側，兩腿虛實與身形不變，眼神隨劍上挑前視。（圖16）

【要領】

①「收步截挑」是由收腳接劍和右坐截挑兩動完成。在做動作①時，扣腳、轉身、接劍要同時完成，此時左腿實、右腿虛，

要虛實分清。收右腳時，步、身、手、劍均以「蓄勁」內存。而當落右腳、移重心、抽劍截挑時，勁力卻要由蓄到放，由虛到實，由較慢到較快，勁隨勢走，一蹴而就。

②此勢由接劍開始，以抽劍過渡，以截挑結束。接劍時勢要沉穩，抽劍手臂要屈，勁力暗貫劍下刃；截劍手臂要展，勁力注向劍內刃前端；挑劍時要沉，用腕力上挑，勁力注向劍鋒。

③整個動作要求平穩，不可因收腳落足、轉身挑劍而出現身勢起伏現象。

【用法】
對方在右側向我下部刺來，我以截劍相對，近則截其劍，遠則截其腕，隨即上挑以劍鋒挑刺其喉。

動作2　獨立架劍
前勢微頓，接著腰身左轉，右腿伸直站立，左膝提起，腳尖向東，腳尖自然下垂。同時右手持劍弧形上舉平架於頭部右上方，劍尖朝東，立劍，力在劍內刃中段；左手經臉前向東伸出，劍指斜朝前上，腕與肩齊。眼神顧及劍尖前視。（圖17）

【要領】
①右腿站立直中寓曲，左腿提膝略高於大腿，腳面微繃使腳心稍對右膝。

②上舉劍時，手臂微向上撐，但不可太直，劍尖宜微垂而勿上翹。左手經臉前伸出而不可從劍刃下方畫出，但伸出的方向應與劍尖指向一致，沉肘，臂成弧形，劍指自然置於劍尖方向的適當位置。

③整體身形要緊湊而不拘，舒展而不散。斂臀收胯，虛領頂勁，沉肩拔背，立身中正安舒。

【用法】

設對方回劍再刺我上方，我即以劍身中下段架禦其劍。

第三式　燕子抄水

動作1　獨立沉刺

①獨立勢不變，腰身稍向右轉，右手以正手劍弧形向右斜方（西南）沉落，劍刃朝下，與地面夾角30度，力達劍下刃前端。此時右手落至右胯前，左手劍指指向右腕，頭右轉眼隨劍尖前視。（圖18）

②前勢不停，右手持劍向右斜上方（西南）立劍刺出，力達劍尖，高與頭齊。左手劍指隨右腕而伸，手心朝下，眼視劍尖。（圖19）

【要領】

做動作①右手持劍向右下沉落時，身勢雖不變，但腰腿間要有鬆活虛靈之趣，力貫劍刃而沉蓄。接著做動作②時，腰腿間內力突長，力透劍尖。此動一落一開，沉中帶刺，切忌身體僵滯，以求身法穩中有活。

【用法】

設對方抽劍復向我身右中下部刺來，我即隨其劍而下沉，黏封其劍，然後直刺對方胸面部。

動作2　仆步撣掃

①前勢不停，右腿屈膝下蹲，左腳向後（東偏北約30度）撤出，先以腳跟著地，同時右手仍正手握劍，保持劍型與方向不變隨體下沉，使手與胯齊，劍尖微翹，力存劍下刃前端；左手劍指仍指向右腕，隨勢而落；眼隨劍尖前視。（圖20）

②接著，重心左移，左腳尖外展踏實，弓左腿、蹬右腿，右腳尖同時內扣，成左弓步式，方向朝東北約30度；隨重心左移，右手持劍由右向左前下，繼而向左前上橫掃，力貫劍刃前下端內側，右手握劍也由正手漸變成仰手，使劍內刃斜朝上，劍尖高與額齊。左手

20

也由右下經胸前臂內旋使手心漸翻朝外，移至左額角上方，手臂呈弧形，劍指遙指劍尖。眼隨劍尖畫弧而前視。（圖21）

【要領】

①做動作①屈膝沉劍時，要與前式刺劍動作勁勢相連，隨刺即落，勁力亦由實而變蓄。也就是說劍力的開合，全在腰腿間的虛實變化。比如由「獨立架劍」到「獨立刺劍」，是由腰腿間的蓄勁到開勁完成，而由「獨立刺劍」到「屈膝沉劍」，又由腰腿間的實變虛完成。此間的動靜、虛實、開合、收放、緩急等勁勢變化，成為劍術變化的靈魂。

②整個掃劍過程，以劍的內刃前領，勁力始終在劍的下刃前端，劍身隨掃劍方向變化。當劍在右側下落時，其劍力要隨沉肩、鬆腰、屈腿而內存；當重心左移、弓左腿、腰身左轉時，其劍力要隨弓步蹬腿、長腰舒臂領存；劍尖將要到位時，腕力內收，使劍力釋放到劍鋒內側。整個運劍過程，其劍力要體現聽、沉、黏、攆、隨之太極勁法特點，勿使其勁空斷。

③做仆步動作時，左腿步幅要大，右腿屈膝要低；由仆步下蹲到轉身弓步，其身型要中正、順遂、平穩，不偏不倚，勿使過直或仆；左手劍指，從右下到左上應始終對應劍尖，似有引領劍尖到位之感，左臂也應如「漸開線」

似的圓展到位。

此勢名曰「燕子抄水」，其運劍路線及手、眼、身、步、法猶如燕子飛落水面點水後又飛起，其輕捷銜連、自然、優美之韻，望習者體會。

【用法】

設對方避上就下襲我下方時，我即隨其下而下，用我劍前端沾封對方劍、腕部，並隨其勢而撐掃。

抑或有人從左側向我上部平斬，我即仆步下勢，用劍鋒由下而上向對方掃去。

第四式　左右邊攔掃

動作1　上步右抹

①左腿重心不變，腳尖外撇落實，右腿提起，腰微左轉。同時右手將劍沉抽至肋前左側，劍身平，劍尖朝前偏左（東偏北），力存劍內刃前端，左手亦下落至右腕處，手心朝下，劍指對腕，兩臂呈弧形。（圖22）

②前動不停，右腿向前邁出一步，先以腳跟著地，同時右手內旋翻腕使手心朝下，將劍平擺至身左側，劍尖朝後（西偏北）。（圖23）；接著弓右腿，蹬左腿成右弓步式，隨弓步，腰身右轉朝正前

（東），右手俯手持劍從左向前、向右平抹，使右手停於身前右側，高與肋齊，劍身斜向左前與胸齊，力達劍內刃。左手劍指隨右手平移，眼隨劍抹前視。（圖24）

動作2　進步攔掃

①右腿重心不變，腳尖外撇落實，左腿提起，腰微右轉，同時右手將劍抹至身右側，劍身平、劍尖朝前（東），力達劍內刃前端。左手劍指隨右腕平移，兩臂呈弧形，眼隨劍平視。（圖25）

②前勢不停，左腿向前邁出一步，先以腳跟著地，同時右手外旋翻轉手腕使手心朝上，將劍尖平擺至身右後方（南偏西）。（圖26）；接著弓左腿，蹬右腿成左弓步式，隨弓步，腰身左轉朝前（東），右手仰手持劍從右向前、向左攔掃，使右手停於身前左側，高與肋齊，劍身斜向右前與胸齊。力達劍內刃。左手劍指隨右手平移，兩臂呈弧形，

眼隨劍掃前視。（圖27）

【要領】

①「左右邊攔掃」連續上兩步。第一個上步要隨前勢「燕子抄水」的左弓步而上，使其勁勢相連，步履轉換輕靈；同時注意上步時腰與手腳的配合協調：當上右步時，腰要隨右手向左抽劍後擺而左轉；隨其弓步右抹和右腳外撇、上左步而腰向右轉；及至弓左腿，劍由右向前向左攔掃，腰隨之左轉。要體現出腰為主宰、以身帶劍、劍身協調、節節貫穿的運劍特點。

②右抹左攔的擺劍幅度宜大而圓展，手臂運劍宜舒柔圓滿，注意肘不夾肋，身法中正，不可左右前後搖擺。

③「上步右抹」與「進步攔掃」雖左右形似，但劍法略有不同。俯手握劍從左向右弧形圓展為「抹劍」，其勁點在劍刃上由後向前滑動；仰手握劍從右向前含「推攔」，勁點在劍刃中部始，繼而向左畫弧為「掃」，勁點由中部向前滑動；同時注意劍尖始終略高於手腕。

【用法】

接前勢，當我用劍掃對方右腕時，對方亮其正中，我即上步橫抹其胸部；當對方由下上挑我劍、腕部時，我即逃腕翻手，用劍中部推攔其劍身，並用劍前刃向左橫掃，逼迫對方。

第五式　小魁星

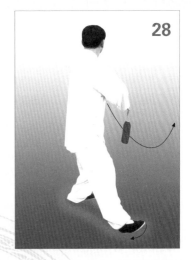

動作　虛步撩截

①右腿提起向右前（東南）斜方邁出，先以腳跟著地，同時右手持劍微豎腕成立劍，由前向上、向身左後畫半個立圓，使劍尖朝西北，力在小指一側劍刃前端。左手隨右手畫弧，手心朝下，劍指指腕。隨畫弧腰微左轉，眼神顧及劍尖畫弧。（圖28）

②前動不停，右腳尖外擺使腳尖朝南下落，繼而重心移向右腿屈膝坐實，左腿虛步向前（東南），腳掌落地成左虛步式，面朝東南。同時右手持劍，使劍由後向下、向右前上方弧形提拉，隨提隨臂內旋使手心朝外，置於額前右上，劍尖45°朝前下，立劍，力達小指一側劍刃前端。左手隨右手，劍指指右腕，手心朝外。隨著上左步，腰右轉，眼神顧及劍畫弧而前視。（圖29）

　　註：從此勢「小魁星」到第十一式的「小魁星」，都是面朝西北和東南方向，練習時應注意。

【要領】

①「小魁星」劍法為「撩截」，撩、截在提拉中產生，故右手持劍在左側圓轉時幅度宜小不宜大，肘腕間略

一翻轉即可。提拉劍柄時，劍尖並不虛提，而使劍尖直伸向前撩截，劍柄也不宜提得過高過遠。

②做「小魁星」動作時，要由較緩到較快，連續而緊湊，姿勢平穩而劍身協調。意即：當做動作①收提右腿到右腳上步落地時，速度宜緩啟；當做動作②重心右移時，左腿宜迅速跟進。左腳一經落地，則腿到、劍到、勢到，周身穩定。勢定時，左腿膝微屈，腳掌勁力暗撐，右腿沉坐勁力暗頂，襠圓，胯沉，背拔，肩鬆，身正。上步過程亦應避免出現因收腿而身高、落步身又低、提拉劍時又高起的現象。

③整個運劍過程，左手劍指始終隨在右腕之後，指、腕之間保持約一拳距離，若即若離。注意當右手持劍向左後收轉時兩肘肩宜活開，勿使肘夾胸肋；右手提拉劍時，左臂勿縮，腋下鬆圓，兩臂圓撐。

【用法】

設對方用劍向我腿部刺來，我即翻轉手腕向對方手腕部襲擊。

第六式　燕子入巢

動作1　轉體分劍

前勢微頓，右腿重心不變，左腿提起，右腿以腳掌為軸，腳跟後碾（或用腳尖內扣），身體迅速左轉180度，使身朝西北（也可左腳後退，以右腳跟、左腳尖為軸轉朝後）；同時兩臂分開下落至身體左右兩側，左手劍指不變，手心朝下，右手俯手持劍使劍身平，劍尖微內收朝前偏下。眼前視。（圖30及其後視圖附30）

動作2　弓步下刺

接上動，左腳向前一步落地（若左腳先落地，再向前移半步），弓左腿、蹬右腿成左弓步式。同時，兩臂外旋內裹向腹前合抱，手心朝上，左手捧右手背，隨弓步伸臂向前下平刺，高與腹齊，力貫劍尖。眼隨劍前視。（圖31）

【要領】

①做「轉體分劍」動作時，注意向左轉動的力量，要從提左腿開始。左腿提起時，腰胯間就要開始向左拉動，帶動左腿後擺，右腿產生向左旋轉的內力，隨之右腳跟向外碾擺（不是抬腳跟），加上右腳跟落實時鬆沉腰胯，轉身動作就會順和自然，輕靈穩定。

②做「弓步下刺」動作時，上步、弓步與兩臂內裹抱劍、刺劍要一致；左手要虛捧右手，而不可將右手抱死；兩臂宜低，使劍身略平；身形與腿形要端正，身勿前仆，胯勿外扭，膝弓勿過，後腳勿起。

【用法】

設人從我身後來犯，我急轉身視敵情勢而前刺。

第七式　靈貓捕鼠

動作1　跳步擺劍

①左腿重心不變，腳尖外撇45度踏實，隨之提起右腿，左腿半立起；兩手抱劍不變，隨右腿提起，將劍稍向前、向上、向胸前弧形平捧起，劍尖朝前，力達劍脊上前端，面朝西北（圖32）。接著右腳向前下落，先腳跟著地，同時兩手抱劍使劍柄向前下沉與腹齊，力達劍脊下前端，劍尖上翹與胸齊，身體亦略下沉。眼隨劍擺而前視。（圖33）

②前動不停，重心前移，左腿提起，身體亦略高起。同時兩手抱劍弧形向前微送。眼前視。（圖34）

③隨前勢身體升起，右腳跳起離地，左腳迅速下落，左腿屈膝坐實，兩手抱劍亦迅速由前向上、向腹前下畫弧沉落，平劍，劍尖上翹與胸齊。此時，當劍柄沉落之際，左手離開右手，變劍指手心朝上，撇至左胯旁。（圖35）

動作2　弓步下刺

前勢略頓，隨左腳下落，右腳上前一步，隨即弓腿成右弓步式。同時右手仰手持劍向前下刺，劍尖低於膝，力貫劍尖。左手隨弓步臂內旋向後、向上、向前畫弧置於額角左前上方，臂呈弧形，手心朝外，劍指朝前（也可直接抬手上舉）。眼隨劍前視。（圖36）

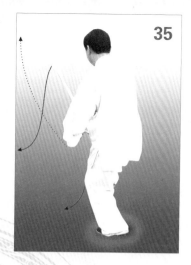

【要領】

①「跳步擺劍」的動作，關鍵是處理好「跳步」與「擺劍」的協調關係。在劍的上下擺動中，應注意手腕間的鬆活，劍尖的上下擺動比手的上下擺動要滯後一些。其基本規律是：腳抬手抬劍尖落，腳落手落劍尖抬；腕起劍沉，腕沉劍起；腳抬劍收，上步劍伸。切忌死握劍柄使劍尖與手腕

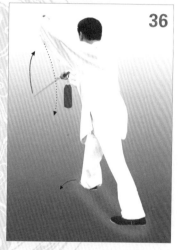

同時上下。貫在劍脊上的勁力，也有上有下：手起時在劍脊前上端，手落時在劍脊前下端，前伸時在劍尖。身法在跳步過程中也有起有伏：腿提時身起，落步弓步時身低。

②上步、落步、跳步轉換之間及整個跳步擺劍過程中，身、手、腿、劍要步隨身換，上下相隨，鬆弛自然，勿使關節肌肉緊張，勿使身體起伏過大或前俯後仰。兩手持劍上下前後伸收擺動要圓轉柔順，肩、肘、腕及手指均

要柔和順遂，起和收時肩勿抬勿縮，落和伸時肩勿探臂勿過直，勿使劍尖擺幅過大。

③做「跳步擺劍」動作③，右腿起跳時注意身勿上竄；左腳下落時要穩，應屈膝鬆胯沉坐而略有一頓，右腿再舒緩邁進，似有一瞬「輕剎車」之感，猶如「邁步似貓行」。

本套路共有三次跳步刺劍，即「靈貓捕鼠」、「野馬跳澗」和「魚跳龍門」三式，每式跳法基本一樣，而每式在步幅、速度和氣勢上各有不同，待後述。此式「靈貓捕鼠」要突出「輕靈」二字。此處的「輕」，意指步幅不宜過大過小而要適中；勢不宜過猛過高而要輕穩。「靈」，即指「落腿後略有一頓」，而其再向前進步的「靈氣」仍在。不可因「略有一頓」而使勁勢滯留。

④「弓步下刺」與前勢微頓而連，弓步、刺劍與左臂畫弧要一致到位，注意身法中正，虛領頂勁和鬆腰胯，不要抬肩、探身、扭胯，劍身與右臂平順。

【用法】

設對方被刺而退，我即擺劍沾迫對方，跳步下刺對方膝部。

第八式　鳳凰抬頭

動作　弓步崩劍

右腿弓步不變，右手仍仰手握劍，迅速沉胯、沉肘、沉腕、劍身上揚，力貫劍尖，使劍尖高與頭齊；同時左手下落，劍指撫於右腕處，兩臂呈弧形。眼隨劍尖上崩前視。（圖37）

此勢也可做成「馬步崩劍」，即崩劍時同時重心略移

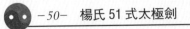

成馬步狀。

【要領】

崩劍是個發力動作，其關鍵在沉
胯、沉肩、沉肘、沉腕，右手指掌握
劍疾速上翹，助腕發力，著力於劍
尖。

【用法】

設對方抽身用劍向我上部擊來，
我劍在其下，突沉劍柄，著力於劍
尖，向對方腕部突襲。

第九式　黃蜂入洞

動作1　扣腳圈劍

右腿重心不變，腳尖內扣約 90
度，隨扣腳身體左轉，左腳不動；同
時以右腕之力，手腕先外旋再內旋，
使劍尖向下、向右、向上、向左甩轉
一圈，劍身橫於身右側，手心朝下；
左手變掌外旋，掌心朝裡，弧形抱於
胸前。此時身朝西南，眼右視劍尖。
（圖38）

動作2　轉身分劍

①左腿輕抬，在原位腳尖外撇落
地踏實，接著弓膝移重心於左腿，右
腿伸直，腳跟微起（圖39）。隨之

左腳以腳掌為軸，腰身左轉至面朝北，右腳輕蹬向左擺180度，落地於身後東南方，使腳尖內扣45度，腳掌先著地；右手與左手仍持原狀隨轉體微左移至胸前。眼神顧及劍尖前視。（圖40）

②接著右腳跟落地，重心後移，右腿屈膝坐實，左腿隨之提起，腰身左轉朝西北。同時兩臂向身兩側弧形分開，左掌心翻朝下，手指朝前與左腰平，右手俯手持劍向右下抽帶，使劍柄與右腰平，劍尖高與胸齊，力達劍外刃前端。眼神略顧及劍尖抽帶。（圖41）

動作3　弓步下刺

前勢不停，左腿向前邁出，弓左腿蹬右腿成左弓步式。同時兩臂外旋內裹使手心朝上向腹前合抱，左手心托右手背，隨弓步向前伸劍刺出，力貫劍尖，高與腹齊。眼隨劍刺出前視。（圖42）

【要領】

「黃蜂入洞」劍法有攪、帶、刺，攪劍即指圈劍，帶劍即指分劍。

劍法與動作配合應注意做到：

　　①做「扣腳圈劍」動作，扣腳與繞劍同時完成。繞圈雖以腕力為主，但要隨扣腳，用腰腿旋轉之力，配以手臂小幅度的翻轉，有「節節貫穿」、「力從根發」，如旋轉拋物，力達劍身的感覺，其劍力先在大拇指一側的劍刃中前端，以橫勁向右擺，隨著手心翻朝下，劍力旋至小指一側的劍刃中前段。開始旋轉時手掌持劍宜鬆活而穩固，及至轉到位，手掌宜緊握劍，使劍身穩定而有沉、切的感覺。

　　②整個動步轉身過程，扣右腳、抬左腳和落左腳、移重心掃擺右腿之間，要做到虛實分清，步法輕靈，勁勢相隨，旋轉迅速平穩。注意右腿擺轉時腿勿屈勿高，身體勿搖擺。

　　③做「轉身分劍」動作②時，重心後移與右手持劍抽帶要動作一致，劍尖勿散，柔中寓剛，退中寓進。「弓步下刺」緊隨其後，弓步、伸臂、刺劍動作一致，勁整，力貫劍尖。

【用法】

　　設對方用劍向我中下部刺來，我以圈劍撥開其鋒，隨即轉身退步以避其鋒，轉後我劍護中，對方再進劍，我以分劍化開，隨即進步向對方腹部刺去。

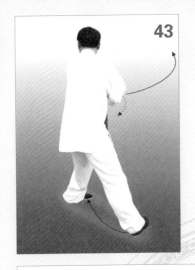

43

附 43

44

第十式　鳳凰右展翅

動作1　扣腳圈劍

左腿重心不變，腳尖內扣約90度，隨扣腳身體向右轉（東北），右腳不動；同時以右腕之力，手腕先外旋再內旋，使劍尖向下、向右、向上、向左甩轉一立圓，橫劍於身左側，手心朝裡；左掌變劍指，手心朝下，置於右腕上。眼左視劍尖。（圖43及其後視圖附43）

動作2　轉身格劍

接著抬右腿，右轉腰，面向東南；同時右手持劍從左下抽肘翻腕向身右格截，力達劍外刃中部。此時右手心朝上，高與肋齊，劍尖稍高與胸齊，左手劍指弧形相隨稍外展於腰左側，手心朝下，劍指朝前。眼隨劍前視。（圖44）

動作3　弓步上刺

前動不停，右腳向前（東南）邁進，弓右腿，蹬左腿成右弓步；右手仰手持劍向前上刺，劍尖與喉

高，力貫劍尖；左手劍指向後展，手心朝下，劍指向後指，與左腳齊，與胯平。眼顧劍尖。（圖45）

【要領】

①「扣腳圈劍」的要領與前式「黃蜂入洞」的「扣腳圈劍」同，注意這兩個動作在畫一小立圓時手臂旋轉的幅度要小；在做此勢「扣腳圈劍」時，要寓「蓄勢待發」的機勢於其中，演練時動作可稍緩，為下一動的「轉身格劍」做準備。

②做「轉身格劍」右轉身、抬右腿、抽肘翻腕、格劍以及左手劍指隨腰外展動作時，要「一動俱動，一到俱到」，迅速、乾脆、有力、圓順而緊湊。右臂格劍動作不要太硬，右肘要順腰而抽，使手臂格劍動作直中有曲，剛中含柔，同時蘊有向前突刺的機勢。

③「弓步上刺」要隨格而進，其右手舒臂前刺與抽肘翻腕相連，使整個轉身、格劍、刺劍動作一氣呵成；同時注意轉體身勿高，格劍勁勿過，刺劍勢勿仆；左手後展的高度應與右臂、劍身前後斜面平直，左手不宜過低或過高，肘尖不過背，兩肩勿後張。

本套路共有三次轉體分劍的動作。「鳳凰右展翅」劍法以格截上刺為主，整體動作要求緊湊平穩，剛柔相濟，快慢相宜；後面的「大鵬展翅」以崩劍為主；「鳳凰雙展翅」以削劍為主。身法勁法各有千秋，望習者注意區別。

【用法】

「扣腳圈劍」仍有撥開左邊來犯之敵的刺劍之意；又設身後有人刺我上部，我即轉身格劍，以我劍中部截開其鋒，繼而進步向對方喉部刺去。

第十一式　小魁星

動作　虛步撩截

此勢與第五式「小魁星」同，只是開始時重心後移，左轉腰抬右腿，接著右腳向前落步前弓，腰右轉，左腳再跟進一步，腳掌著地成左虛步式。此時右腳尖朝南，左腳尖朝東南；當左轉腰抬右腿時，右手屈肘收至左胸前，手心朝裡，劍尖朝上，左手劍指稍向上畫弧屈肘合於右腕內，手心朝外（圖46）；當邁出右腳重心右移時，劍尖向左後下畫弧，眼神略回視劍尖（圖47）；當上左步，劍與步隨動，使劍尖由後下向右前上撩截成小魁星式。勢定時，右手心朝外，置於額角右前上方，左手劍指仍隨右腕，身朝南，面朝東南，眼前視。（圖48）

【要領】

重心後移時，右腿略有蹬地而起之感，注意左腿沉坐，身勿高起；右腳落地，隨落即弓，隨弓後腳即起，步履要輕穩緊湊。其餘可參照第五式「小魁星」要領。

【用法】

設對方伏身上挑我劍腕，接著弓步刺我胸腹部，我即回身抽臂逃腕，隨即進步翻手向對方劍腕部撩截。

第十二式　鳳凰左展翅

動作　退步掛劍

前勢稍定，接著退左步，腳尖斜朝東北落地，重心移至左腿屈膝坐實，隨之腰左轉，右腳尖朝東擺正，腳尖勿翹成左虛步式；同時，右手屈肘將劍尖下垂向左回掛，手心朝右下，力貫劍刃。左手劍指隨右腕，手心朝裡下。眼隨劍移視。（圖49）

【要領】

左腿後撤時，劍尖即要相隨的下落，使腳尖與劍尖有前後上下呼應之感；重心後移時，劍即要回掛，同時腰左轉使腰腿之力貫之劍刃；右腳尖擺正與重心後坐同時完成。但要注意腳尖擺的時候應在重心後移過半時開始，右腿方能做到輕隨，避免虛實不清而使動作滯重。後面第十九式「左右獅子搖頭」和第四十二式「左右落

49

花」的退步法也是如此，與太極拳動作「左右倒攆猴」退步要求一樣。

【用法】

設對方抽劍又向我左邊刺來，我即以掛劍化解來勢。

第十三式　等魚式

動作　虛步反扣

前勢不停，腰隨即右轉，右腿輕提即落，使腳掌著地朝正前方（東）成右虛步式；同時右手持劍翻轉肘腕，使劍尖順時針向前反扣，並隨扣劍手臂稍向前送刺，手心朝右，立劍，高與左胸齊，劍尖朝前，力達劍外刃前端及劍尖；左手劍指仍隨附於右腕處。眼隨劍前視，猶如釣魚姿勢。（圖50、51）

【要領】

①此勢要在前勢「退步掛劍」動作做到位的基礎上，再轉身反扣，劍法不可含混地一畫而過，失去掛劍的含義。

②前勢動作的後退與此勢右腿的起落，左腿要控制平穩，不可使身體忽高忽低；右手扣劍要劈中帶刺，扣時劍

力要隨轉腰而貫於外刃前端，勢將定時劍力要隨膝開襠圓、沉胯長腰而貫於劍尖。

③演練時，翻腕扣劍宜稍快，但動作不要趕，要使氣定神凝。

【用法】

對方劍被我掛後回撤，我順勢翻腕向對方腕部扣擊。

第十四式　左右龍行

動作1　提膝右截帶

左腿沉坐，右膝提起，小腿微收，腰微右轉；隨右膝提，右手迅速內旋變俯手握劍向右下抽肘截帶，劍柄與右胯齊，力達劍內刃中前端，劍尖高與胸齊；左手劍指隨右腕，手心朝下，眼神顧及右手分劍。（圖52）

動作2　進步右撐刺

右腳向前落地弓膝、蹬左腿成右弓步式，腰身稍左轉朝前；隨上步弓腿，右手俯手持劍向右前撐刺，使劍身內斜、劍尖持中與胸齊，手偏右在右膝前上，高與肋齊，力貫劍內刃中前端及劍尖。左手劍指隨右臂前伸合於右腕內，手心朝下。眼前視。（圖53）

動作3　提膝左截帶

重心不變，右腳尖稍外擺（或腳跟內收），左膝提起，腰微右轉；隨左膝提，右手臂外旋變仰手握劍向左後下截帶，力達劍內刃中前端，劍尖仍稍持中與胸齊，劍柄與左胯齊。左手劍指隨右腕回抽，手心朝下，眼神顧及右手左帶。（圖54）

動作4　進步左撩刺

左腳向前落地弓膝，蹬右腿成左弓步式，腰身稍左轉朝前；隨上步弓腿，右手持劍向左前撩刺，使劍身內斜劍尖持中與胸齊，右手偏左在左膝前上，高與肋齊，力貫劍內刃中前端及劍尖。左手劍指隨右腕前伸，手心朝下。眼前視。（圖55）

動作5　提膝右截帶

第5動「提膝右截帶」與第1動「提膝右截帶」同，只是向右帶劍時右腿從後提起。（圖56）

動作6　進步右攆刺

第6動「進步右攆刺」與第2動「進步右攆刺」同。（圖57）

【要領】

①「左右龍行」式三次截帶，三次攆刺，分右、左、右三步，是連續沾化進擊的動作。演練時若速度較快，則步伐不宜過大，截帶與攆刺動作也不宜過張，要使步法、身法、劍法緊湊平穩機敏連貫。

②「提膝右截帶」或「左帶」動作是「分化」，勁法是「收蓄」，動作宜「短促」，力在劍內刃中部向外向後黏滑，使劍力剛中運柔；「進步攆刺」動作是「合出」，勁法是「合放」，動作宜「長隨」，力在劍內刃中前端及劍鋒，向外（右邊或左邊）向前攆隨逼刺，使劍力柔中帶剛；注意提膝帶劍時身勿僵，進步攆刺劍時身勿軟。

【用法】

設對方退步刺劍時，我即化解來劍，再進步推刺，連續化攆。

第十五式　宿鳥投林

動作1　退步帶挑

接前勢，勁力微前送，左腿稍提起即向原地（或再向後）下落屈蹲，腳尖朝北，右腿隨之收回，腳尖在右腳內

58

側點地，腳尖朝東偏北成丁步，腰左轉；右手臂外旋成仰手握劍隨重心後移帶回至左腹前，掌心仍朝上，劍尖上挑朝東，高與頭齊；同時左手劍指手心朝下，隨勢後抽經左腰側順時針畫一平面小弧（也可直接隨右腕收回），合於劍柄處，兩臂呈弧形。眼視劍尖。（圖58、59、60及其後視圖附60）

59

動作2　仆步穿劍

左腿繼續屈膝下蹲，右腳向前伸出，腳尖微內收落實成右仆步式（也可不再蹲左腿，右腳伸出落地，隨之高起上刺）；右手仍仰手持劍隨右腿向前下沉送，手高與胯齊，劍尖稍落與腹齊，力送劍尖；左手劍指稍沉於左胯旁。眼隨劍前上視。（圖61）

60

動作3　獨立上刺

前勢不停，重心前移，弓右腿而直立，左腿伸、輕蹬而提起；右手仰

附 60

61

62

手持劍隨身向前上刺，力達劍尖，高與頭齊，左手劍指跟上右腕。勢定時，左膝尖朝北略高過胯，腳尖微垂，身朝東北，頭轉向東，眼視劍尖。（圖 62、63）

【要領】

①開始做「退步帶挑」動作時，勁力與身勢要隨前式「進步右撩刺」的結束動作再稍向前送刺，使撩刺動作更為綿長，使左腿提起更為隨和，接轉下勢更為自然。

②做「退步帶挑」重心左移、收右腳、左手畫小弧及右手持劍回帶動作要協調一致，一到俱到，其劍力應

63

在劍脊中部向前滑動，眼神要顧及劍身回帶。左手劍指也可不畫小弧。畫小弧則順其自然，不可過大，以配合得當為宜。勢定時，身體左轉朝北，劍身也要與身體平行朝東，兩臂微撐、肘不夾肋、鬆沉肩背，保持身手能繼續圓轉的靈氣。丁步式注意斂臀、襠圓、膝開，右腳尖著地也要自然，腳面、小腿不要繃緊，腰、胯、腿、腳要存有沉穩機變的活氣。

③做「仆步穿刺」動作時，左腿下蹲腳跟勿起，右腳宜輕鋪地而伸直，上體保持端正，不可俯身凸臀；右手持劍宜順腿而前送，劍身稍靠腿內側與右腿平行。無論是回帶劍和穿刺劍，勿使劍尖左右偏擺。

④做「獨立上刺」動作時，腰襠勁向前送，與右腿直立、左腿提起要勁勢相隨，整體向前，不可斷勁。獨立式右腿直中寓曲，胯微收，左膝微開，腳心對右膝；劍尖隨穿而向前上刺，右臂不宜太直，要與劍身保持平順，左臂微圓撐，劍指指劍首。獨立式整體要求重心穩定，挺拔不僵。

⑤「宿鳥投林」在演練過程中宜退時速、進時緩、高時連、動作不急不躁，因勢利導，柔韌連貫。波瀾起伏之間捲舒自如，快慢動靜之際機勢連成，是為要點。

【用法】

設對方從上部刺來，我急將劍沾帶其來劍而挑其劍腕部，當對方後避時，我即隨勢由下向前上襲去。

第十六式　烏龍擺尾

動作1　退步抽劍

左腳向後（西北）退半步下落，腳尖朝東北，重心移

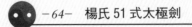

向左腿屈膝下坐，右腿隨即提起，同時腰微左轉，右手持劍外旋立腕抽至左胸前，手心朝裡，劍尖朝前與頭高。左手劍指隨腕後撤，手心朝左下。眼隨劍尖右視。（圖64）

動作2　虛步下截

前勢不停，左腿繼續沉坐，腰右轉，右腿腳尖著地成右虛步式。同時，右手迅速內旋，將劍身先向左再向右前下截於右腿膝前外側，右手與胯齊，劍尖斜朝內，力注小指一側劍刃下端；同時左手劍指內旋，向左上展於左額前上方，手心朝左上，臂呈弧形。此時身朝正東，右腿朝東偏南，腳尖微內扣朝前，眼隨劍右視前方。（圖65）

【要領】

①「退步抽劍」是閃式，勁勢為收為蓄，動作宜輕快。左腳落地重心隨之後移、右腳隨之提起，此時左腿並未全蹲；「虛步截劍」是攔截，勁勢為開為放，動作宜速捷。右腳未全落時，劍已先截到位，右腳隨之落地，不可腳先落、劍後到。但表現的形式可劍腳同到。注意在右腳落的過程中左腿同時要向下沉坐，直至勢定。

②整個「烏龍擺尾」動作，以腰為帥，率領四肢一蓄一發：退時腰微左轉，劍身同收，猶如將鞭回抽；截時腰右轉，轉中帶擰，劍身同開，勁力直貫，猶如甩鞭，力聚鞭梢。勢定時，兩臂上下左右對稱圓撐，注意含胸，兩肩勿後張，右臂持劍勿過直或過屈，肘尖不過背。

【用法】

設對方避上就下，向我下部或掃或刺，我即退步略閃，向對方劍腕部截。

第十七式　青龍出水

動作1　蓋步雲劍

①右腿輕提起，同時右手俯手握劍將劍尖弧形向左前斜上方（東偏北）平送，高與胸腰齊，力在劍脊上中前部，左手劍指稍右弧形下落合於右腕內，手心朝下。（圖66）

②接著右腳向左前斜方（東偏北）落步，腳尖朝東，重心稍前移，在左腿前交叉成蓋步式。

66

同時右手仍俯手握劍將劍身向右上平移，高與面齊，劍尖仍朝左前斜方，力仍在劍脊上中前部。同時左手劍指於右手相反方向、向左前下伸，手心仍朝下。（圖67）

③接著重心移向右腿，左腳提起，腰右轉，右手仍俯手握劍將劍身向右後下平拉，劍尖仍朝左前斜方，高與胸腰齊，左手劍指於右手

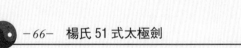

相反方向，向左前上伸，手心仍朝
下，與右手對稱平齊。眼始終顧及
劍身立圓平移。（圖68）

動作2　左弓步刺

①接著左腿向左前斜方（東偏
北）邁出，先以腳跟著地，同時右
小臂向腰間裡收，手腕內翻，使手
心朝裡上，劍身仍平，劍尖朝左前
斜方，左手劍指略上揚，內旋使手
心朝外與肩齊。眼神顧及劍尖翻
轉。（圖69）

②弓左腿蹬右腿成左弓步式。
同時右手伸臂向左前斜上方直刺，
手心朝上，劍尖與面齊，左手劍指
弧形上舉至左額前，手心朝外上，
眼隨劍尖前視。（圖70）

【要領】

①「青龍出水」的步法是蓋步與弓步銜接，劍法是雲劍與刺劍相連。這裡的雲劍像火車輪連杆一樣，始終是平動立圓畫弧，上步與雲刺劍的方向始終朝向東北，整個雲、刺劍過程劍尖不可左右偏擺。這裡應注意右手握劍的變化：開始向前送劍時，虎口向前，小指收住劍柄；向右上提拉時，變成滿把握劍；再向後抽時變成鉗把握劍，虎口內收，拇指食指夾持劍柄，其餘三指鬆附於劍柄。

②做「蓋步雲劍」動作①時，抬右腿、提劍、落劍指要同時，此時腰身稍鬆弛左轉；做動作②蓋步、右手上、左手下要同時，此時腰身微上下拉開；做動作③抬左腿、劍後拉、劍指前伸要同時，此時腰身向右擰轉拔長；做「左弓步刺」動作①時，上左步、收右臂、左手上揚要同時，此時右手腕與劍身同內捲，腰身微向左擰轉；做動作②時，弓步與刺劍同時，腰身也向左前轉正，左臂圓撐。眼神始終隨雲刺劍而移視。

③整體動作要以腰為主宰，身劍協調，開合有序，圓活連貫。

【用法】

設對方向我身前刺來，我以雲劍架格，隨即進步用我左手向前推對方右臂；對方亮開正胸，我進而用劍向其上部刺去。

第十八式　風捲荷葉

動作1　扣腳攬壓

左腿重心不變，體右轉，腳尖內扣約 130 度（南）踏實。隨轉體，右手旋轉翻腕使劍尖在身左側（東北）逆時針攬動一小斜立圓，手心朝下，平劍，劍尖朝東北，高與左肋齊。左手劍指下落於右腕內，手心朝下，眼顧及劍尖攬動。（圖 71）

動作2　轉體平抹

前動似停非停，腰身繼續右轉朝西，右腳提起向西偏北方向邁出，接著弓膝、蹬左腿成右弓步式；右手隨轉體將劍平胸右抹，使劍柄停於右膝上部，劍尖朝左稍前，左手劍指隨右腕，兩臂圓撐，眼平視前方。（圖 72）

【要領】

①這裡「扣腳攬壓」的「攬」劍動作與第九式「黃蜂入洞」的「扣腳圈劍」略有不同：「圈劍」繞圈幅度像打開的一把傘；「攬劍」則像剛要打開的傘，繞圈幅度約 30

度。此動作意在用劍身攪撥對方之來劍，故其力應在劍刃中、前部，其軸心在劍身中後部；攪後即壓，力在劍脊中部。攪壓劍時，肩、肘、腕聯動。

②扣腳時腳尖勿抬高，身體要平穩，盡量內扣。同時注意扣腳、轉體、攪壓劍動作協調一致，同時完成。

③做「轉體平抹」動作時，右腿提起仍要保持身體平穩，不要高起；平抹劍時右手要隨轉體弓步而舒臂畫弧，使力點沿劍內刃向前滑動。

【用法】

設對方由下向我中部刺來，我即攪開其劍向對方胸部抹去。

第十九式　左右獅子搖頭

動作　左右退步截劍

①左腿屈膝後坐，重心後移（或者先抬左腿，再下落後移），腰左轉，右腿隨之伸直但腳不離地成右虛步式。同時右手臂外旋變仰手握劍，使劍尖向右下甩頭，邊甩頭右手邊向左平擺，高與左腰齊，劍身斜朝右前約 30 度向左橫截，劍尖持中，力達劍內刃中前部；左手劍指隨右手腕，手心朝下，兩臂呈弧形，眼隨劍尖前視。此為「退步左截劍」。（圖 73）

73

②前勢不停，右腿提起後撤一步，腳尖落地腳跟內收 45 度落實，重心隨之後移後坐，腰右轉左腳尖擺正踏實成左虛步式。同時右手臂內旋

變俯手握劍向右平擺高與右腰齊，劍身斜朝左前約 30 度向右橫截，劍尖持中，力達劍內刃中前部；左手劍指隨右手腕，手心朝下，兩臂呈弧形，眼隨劍尖前視。此為「退步右截劍」。（圖74）

③「退步左截劍」，與動作②同，唯方向相反。（圖75）

④「退步右截劍」，與動作②同。（圖76）

【要領】

①「左右獅子搖頭」連退四步，重心後移算一步。此勢的退步法與太極拳「左右倒攆猴」步法同：首先要注意，退步後兩腳不能在一條線上，要左右分開，步幅也不宜太大，使連續退換靈活；其次，隨重心後移，前腳尖要擺正，但腳尖並不抬起，實際是以腳跟為軸，腳掌不離地的磨轉。這與前第十二式「鳳凰左展翅」及後邊的第四十二式「左右落花」的步法要求一樣；再次，退步要平穩，腰腿控制身體不要忽高忽低，也不要左右偏擺。

②退步轉腰、擺劍要協調一致；

右手向左右兩邊擺動幅度稍大。

　　退步截劍動作宜緊湊快捷，但力道不宜過硬、過猛或過飄，要使劍刃觸物有遇硬則柔、遇軟則鋒的勁道控制感。

【用法】

　　設對方連續向我中下部進刺，我即以退步法連續截攔。

第二十式　虎抱頭

動作　虛步斬劍

　　右腿仍屈膝坐實，左腿稍提起，兩手左右平展，手心皆朝下，同腰齊。右手持劍稍外展，劍尖稍揚起，與胸高（圖77）；接著左腿向前下落，腳尖外撇踏實，重心前移，右腿跟進向前，以腳尖著地成右虛步式。隨進步兩手同時臂外旋使手心朝上，右手持劍由右向左前橫斬，劍尖朝前高與喉齊，力達劍裡刃中前端，左手劍指變掌，托抱右手背，兩臂呈弧形，高與胸齊。眼隨劍尖前視。（圖78）

　　此勢定勢也可右膝抬起成左獨立式。

【要領】

①抬左腿和接著落左腿、上右步，動作要平穩、緊湊而鬆定。

②分劍與斬劍要勢連勁合：分時劍力向外撥轉，斬劍時肩、肘、腕連動，勢將到時，腕力內扣，將勁力貫到劍裡刃前端；開時腰微右轉，斬劍時腰微左轉而使劍力貫串，但不可使腰身過於左右扭動現誇張之態，反而使勁、勢脫節。

【用法】

設對方連續進刺勢緩時，我反退為進向對方中上部平斬。

第二十一式　野馬跳澗

動作1　跳步擺劍

①左腿重心不變，腰胯向後收捲，領起右腿，小腿回收。同時雙手平捧劍稍向上、向胸前下弧形回收（圖79）；接著舒腰身、蹬左腿、右腿向前躍進一大步前弓，雙手隨勢伸臂向前平刺，此為第一步，劍擺一圈。（圖80）

②隨右腿躍前之慣
性，左腿提起前伸，右
腳蹬地向前彈跳助勢
（此時瞬間雙腳離地）
（圖81）；使左腳向前
騰進一大步落地（此時
右腳離地），雙手捧劍
由前刺稍向上、向胸前
下完成第二圈擺劍，此
為第二步。（圖82）

動作2　弓步下刺

接前勢之慣性，右腿向
前邁進一步，步幅稍大，姿
勢較低，弓右腿、蹬左腿成
右弓步，雙手抱劍隨弓步向
前下刺，劍尖低於膝。此為
第三步，眼隨劍尖前視。
（圖83）

【要領】

①太極劍術，不僅是技擊和健身的結合，也是藝術的
完美展現。前人所傳下來太極劍的名稱，也充分體現了這
種傳統文化思想。以「野馬跳澗」命名此勢，顧名思義，
就有別於「靈貓捕鼠」和「魚跳龍門」——儘管它們的動
作基本相同。所以，在演練此式時就應體現出「野馬跳
澗」的那種毫無羈絆、奔騰放遠、一往無前的氣概。故在

做動作時，要把握「沖靈」二字，體現出蓄深而凝遠、勢沖而神閑、步捷而平穩的演練特點，留意在腿、胯、腰、身、臂、手、劍以及意氣上的協調配合。

②當做「跳步擺劍」動作時，右腿的提收，要靠左腿重心的稍後移下沉、收胯、斂臂、捲腰、含胸、身勢略前俯而回屈，也同時將劍帶回，形成蓄勢待發之姿。此時動作宜稍慢。當右腿和劍前伸時，要靠左腿蹬，胯、腰、背以及手臂的同時舒展將所蓄之勁向前催放，而形成身勢前躍之態。此時動作宜稍快。接前動之慣性，右腿隨落即蹬，左腿隨起即跨，兩腳瞬間離地，形成左腿前右腿後向前「騰進」之勢。此時劍仍向前伸刺，腰、腿、身全體舒展，動作亦速。及至左腳落地（腳尖稍外撇落地），右腿已屈收，劍亦收回胸腹前。此時瞬間變為蓄勢，做到周身收而鬆、活而穩、速稍緩，氣息接連後式「弓步下刺」。隨即，右腿向前較大步幅落地前弓，勢較低，身稍前俯，做到：劍到、腿到、身到、周身舒展、勁力貫穿、姿勢穩健。但要注意，弓步到位時，右胯根微下沉，膝尖不過腳尖，勁勢不過於前仆，使腰腿間留有下一式「勒馬式」回轉身體的機勢。

③此勢「擺劍」與「跳步」的配合關係與「靈貓捕鼠」同，但此式劍頭上下擺動幅度小，而雙臂前後伸收圓

轉弧度大。同時注意使劍身協調、內外相合。

其它要領可參照「靈貓捕鼠」式。

【用法】

設對方抽劍退步，我即趁勢向前追刺。

第二十二式　勒馬式

動作1　轉身背劍

①前勢不停，左腳跟內收，使腳尖朝南偏東，同時左腿稍屈膝，重心稍左移，腰身稍左轉朝南；隨轉體，右手持劍外旋立腕屈肘，使手心對右肩，劍尖朝西、立劍；左手仍合於右手背，兩臂呈弧形，眼隨劍尖右視。（圖84）

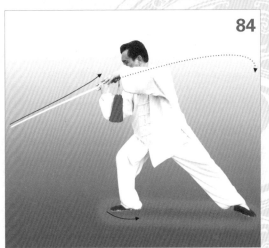

②重心繼續左移，腰身繼續左轉，身形略前俯。隨轉腰，弓左腿、伸右腿，右腳尖隨之內扣約135度成左側弓步式。同時右手持劍將劍柄經右肩旁帶至右肩前，手心朝下，平劍、劍尖朝後（西），左手仍合於右手背，形成背劍式，眼顧及劍柄右視。（圖85）

動作2　弓步擊劍

前勢不停，雙手抱劍舒臂將劍由後向前弧形平擊，力達劍脊，劍尖與頭高，腰身隨劍向前拔長，左弓步式加深，眼隨劍尖前視。（圖86）

動作3　虛步勒劍

前勢不停，重心向後回移，右腿屈膝坐實，左腿隨之提回半步下落，腳尖著地成左虛步式（也可提回不落地），腰身隨之調整朝正東；與此同時，雙手將劍柄向腹前回抽，使劍身由前上向後下壓勒，劍尖高與胸齊，力貫劍脊中部，眼前視。（圖87）

【要領】

①轉身「勒馬」一勢包含三個劍法，即一背、一擊、一勒。「背劍」是接「弓步下刺」以禦上犯之來劍；「擊劍」是接「弓步下刺」以禦身後來襲之敵；「勒劍」實際是接「擊劍」之虛招化壓敵來之劍，緊接下一勢「指南針」、「併步上刺」，是接「勒劍」之守勢為進刺。此幾式實為顧盼應對前後之敵勢，並非反轉身畫弧而已。故在練習時要寓意其內，勿使劍法空蕩，進退轉換要靈，勿使

勁勢有絲毫間斷。

②由於前勢「野馬跳澗」的步幅較大，姿勢較低，向前進刺的勢也較猛，而此動「勒馬式」又要迅速「背（劍）轉（身）」、「擊（劍）弓（步）」、「勒（劍）收（腳）」一氣呵成，故有一定演練難度。

其一，當做「轉身背劍」動作時，其回移之勢要借前勢「野馬跳澗」的「弓步下刺」右腿腰胯間留給此勢回轉的機勢而轉身回移，同時在收左腳跟時，左腿膝胯間要同時微屈沉，不要頂，回轉身體就會順遂自然；兩手合抱、右手立腕屈肘上翻時，兩臂微圓捲，兩肩微前扣，沉肩墜肘，鬆腰鬆背，將內力貫在劍身上，而不要順便一翻即了；其二，重心繼續左移和右腳尖內扣要隨腰同時向左撐轉，使右腿與身形一致向左略傾，注意不要厥臀弓背；左腿側弓，膝不過腳尖，鬆沉左胯根，使腰腿間靈活，而不要向左擠壓；雙手帶劍柄，以柄帶劍，手指、腕、臂、肩要鬆、活、開、圓，控制劍尖朝後，勿使偏擺，要存暗力於劍脊上；其三，做「弓步擊劍」動作時，要展腰舒背，雙臂弧形前伸，用腰力將劍向前擺擊，使身、手、劍有進之則愈長之感，但右腳跟不起，使右腿間存有退之則愈促之機。其四，做「虛步勒劍」動作時，重心後移身勿起，左腳收回落地勿實，收胯含胸之際要存隨退即進的機勢；雙手收劍兩肩鬆活，兩肘不夾不亮，含胸拔背，使蓄勢自然而存圓活之趣。

【用法】

設敵從後襲來，我即轉身擊劍威懾對方，隨即收步化壓來劍。

第二十三式　指南針

動作　併步上刺

接前勢，左腳向前半步，右腳再跟上落於左腳旁，兩腳平行同肩寬，兩腿直立；雙手抱劍向前平刺，劍尖與喉齊，眼神向前。（圖88）

【要領】

①若面南起勢時，此動作面朝東，並不南指，僅取其形。

②此勢緊接前式，左腳由收到上中間並未停實；上半步時後腿並不立起，仍保持低勢向前，及至右腳跟上和向下落地時，兩腿隨前刺而立直，注意兩腿伸直而寓虛；雙手抱劍前刺，要隨進步由下向前上送刺，力貫劍尖。要求立身中正安舒，身體勿前俯後仰，臀勿撅，胸勿挺，沉肩鬆胯，虛領頂勁。

【提示】

由第二十一式「野馬跳澗」開始，到此勢「指南針」這三個動作，在演練時其勢要勢勢相連，其劍要流暢圓活，使其神意相隨，而一氣呵成。其速度也可較快些，猶如寫行書一樣，有揮灑自如之感。

演練太極劍術，不必像練太極拳那樣速度一致勻慢，也不能一味地快，得緩則緩，得急則急，其快慢純依形、勢、勁、意而動，方能顯劍術神髓。此要求在一趟劍的套路中時有出現，希習者自悟。

第二十四式　左右迎風撣塵

動作1　右抽左攔擊

①腰微右轉，屈右腿，腳尖外撇約45度踏實，左腿隨之微屈，抬起腳跟；同時，右手持劍內旋變俯手握劍，邊翻邊屈肘將劍向右下側抽，手高與胸齊，劍高與頭齊，劍力在小指一側劍刃中前部滑動；左手心同時翻朝下變劍指，指於右腕處，眼隨劍走。（圖89）

②左腿隨之提起，向左前方（東偏北）邁出，腰左轉，弓左腿、蹬右腿成左弓步；同時右手外旋翻腕成仰手握劍，隨翻轉手腕，劍尖順時針圓轉一小圈，然後順勢向左前上方攔去，將到位時，手腕一帶，使劍頭隨之一平崩擊而到位。劍力先貫劍刃中前部，隨崩而注到劍鋒，使劍尖與頭齊。此時左手劍指由右弧形向左前上方圓展於左額角前上方，手心朝外，劍指遙對劍刃（也可不舉，劍指隨右腕），眼隨劍尖前視。（圖90、91）

動作2　左抽右攔擊

①重心全部移於左腿，收提右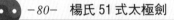

腿，腰微左轉。同時右手仍仰手
握劍向左下側屈肘回抽，手高與
胸齊，劍高與頭齊。劍力在小指
一側劍刃中前滑動，左手同時屈
肘下落，使劍指收於右腕內，手
心朝下稍外，兩臂呈弧形，眼神
顧及劍尖左前視。（圖92）

　　②右腿向右前方（東偏南）
邁出，腰右轉，弓右腿、蹬左腿
成右弓步式；同時右手內旋翻腕
成俯手握劍，隨翻轉手腕劍尖逆時針圓轉一小圈，然後順
勢向右前上方攔擊，將到位時，手腕一帶，使劍尖隨之一
平崩擊而到位，劍力先貫小指一側劍刃中前部，隨崩而注
到劍鋒，劍尖高與頭齊。此時左手劍指隨右手腕前伸，手
心朝下，眼隨劍尖前視。（圖93、94）

　　動作3　右抽左攔擊

　　「右抽左攔擊」動作與「左抽右攔擊」同，唯方向相

反。

　①重心全部移於右腿，收提左腿，腰微右轉，同時右手仍俯手握劍向右下側屈肘回抽，手高與胸齊，劍高與頭齊，劍力在小指一側劍刃中前部滑動；左手劍指仍隨附於右腕內，手心朝下，眼隨劍尖。（圖95）

　②與動作①「右抽左攔擊」動作②同。（圖96）

【要領】

　「左右迎風撣塵」劍法為「抽雲」、「攔擊」，擊劍含崩勁，步法為連上三步，左、右、左相同。唯注意欲左擊時，必先向右，即先向右抽雲劍，然後向左接攔擊；欲右擊時，必先向左，即先向左抽雲劍，然後向右接攔擊。左、右抽雲劍時，其實腿要屈坐，勿使身起，腰要向實腿一側微含收轉，承下啟上，使腰胯間讓出抽雲劍的餘路來，使持劍之手臂運劍圓活順遂，但身勢勿搖擺。抽劍動作宜短而直，力在劍刃上滑動，雲劍時手腕翻轉動作要小，劍尖圓轉略大，使劍力（包括攔崩）始終沿小指一側劍刃上暗動。向左右攔擊劍時，劍隨上步、弓步而去，攔時勁勢略向前上推，將到位時，手一緊，腕一帶，肩肘一沉，使崩劍瞬間

產生，力以寸勁貫注劍鋒。連續三式行步走劍時，要做到腿、腰、身、手、劍、眼周身協調，節節貫穿，勁力順達，剛柔相濟。勢定時劍、身方向一致。

【用法】

設對方劍在我劍右側，我即以抽劍略化，再以雲劍撥纏其劍向左，以攔崩劍勢封其劍，傷其身。反向亦然。

第二十五式　順水推舟

動作1　扣腳壓劍

左腿重心不變，腳尖內扣約 120 度，腰身隨之右轉朝南；右手持劍內旋，迅速下落於左腹前，手心朝裡下，使劍尖逆時針畫一小圓，劍身隨之平落，橫壓於左腰際，劍尖朝東，同時左手劍指下落於右腕內，手心朝下，目隨劍尖左視。（圖 97）

動作2　弓步挑劍

接著抬右腿向西北斜方邁出成右弓步，身隨之右轉向西；同時右手經腹前向右抽劍畫弧，並隨弓步翻腕將劍尖向西北前上方挑起，高與眉齊，力先在劍下刃，隨挑起而注劍尖；右手握劍置於右膝前上方，左手劍指仍隨右腕，手心朝下，兩臂微屈，眼顧及劍尖。（圖 98）

動作3　回身推刺

①前勢微頓，重心仍在右腿，腰左轉，右腳尖同時內扣朝南；右手屈臂稍上舉，以劍尖領劍，立劍向左（東南）回刺，手心朝外，高與頭同齊，劍尖略低，力注劍尖；左手劍指仍隨右腕回屈於胸前，手心朝外，兩臂呈弧形；頭左轉，眼視東南前方。（圖99）

②接著左腿提起向前（東南斜方）邁出，弓左腿，蹬右腿成左弓步式；隨提膝上步，劍尖略下沉，使劍尖朝前下斜與胸齊，並隨弓步伸右臂將劍身前推（東南斜方），手心仍朝外，高與頭齊，力貫劍內刃中前部；左手劍指仍隨右腕前伸，眼隨推劍前視。（圖100、101）

【要領】

①「順水推舟」劍法包括壓、挑、刺三個基本劍法。壓劍以沉隨勁向下按壓，抽肘接按壓而促劍尖挑起，挑引劍頭回擺而為反刺，進而變刺為推。其勢抑揚頓挫，往復蕩動，要求腰、身、腿左右轉換圓順，手、臂、劍前後折疊，氣貫勁連，上下勿

有絲毫滯拗。

②做「扣腳壓劍」動作時，轉腰、扣腳、壓劍同啟同定。轉體時要屈坐左腿，收住腰胯，鬆落肩背，使勁勢蓄沉，注意上體勿前趴。做「弓步挑劍」動作時，提右腿上步與轉體抽劍及弓步挑劍，要勁勢相連順達，挑劍與抽劍一貫而起，由蓄到放，似有揚眉吐氣之感。注意和崩劍的區別，中間手腕不要特別用力。挑後劍尖回擺為反刺，在似停非停之間轉換身勢，以右腳跟及右腿為軸，整體左轉，接前開勁又成收蓄勁，此時右腿全實，左腿全虛。隨即右腰胯回拉內捲（外形要含而不露），左腿輕提，再隨之邁進弓步推劍。推劍時要形成整勁前推，腰胯間放鬆後撐，將勁力貫注到劍刃，並做到身不過於前俯，勁不過於前仆，周身鬆實，勢整而神定，是為「回身推刺」。

【用法】
設對方在我右側向下刺來，我劍迅速下壓封其劍，緊接用抽挑劍截其腕、掛其劍，使其劍脫落，或引其劍向我右側落空，即用我劍回身向對方中上部或刺或推割。

第二十六式　流星趕月

動作　返身回劈

①左腿重心不變，腳尖內扣，腰右轉；兩臂推劍勢不變，使肩肘稍沉蓄，兩手心皆朝外，置於左耳旁，頭右轉，眼右視。（圖102）

②接著提右腿，向西北方向邁

出，弓右腿，蹬左腿成右弓步式。同時隨弓步右手持劍向上，向右前方立劍劈下，劍尖路線猶如流星畫過長空。臂平，高與胸齊，力貫劍下刃前部；與劈劍同時，左手劍指向下向後上畫弧分展，劍指指向後，手心朝右，與右臂平直，目視前方。（圖103）

【要領】

①做動作①時，扣腳、轉體、兩臂收落、頭右轉要一致，其劍勢不變，兩臂仍需圓撐，周身蓄勢而待。

②做動作②時，左腿要屈坐，將右腿提起，使身體保持平穩。弓步與劈劍一致，注意劍以腕為軸，腕以肘為軸，肘以肩為軸，而臂以腰為軸，節節展劈，並著意於力由根發，而腿而腰而背而臂，節節貫穿於劍身，力透劍尖；右手前劈、左手後展時，要同時上下畫弧，對稱圓展；劈後兩臂平直，但注意右臂、劍與右腿要上下相對，其肘不向右張，左臂與左腿上下相對，其肘不向左張，使兩臂與胸微內含而開中寓合。

【用法】

反擊身後來敵，劍向對方中上部劈去。

第二十七式　天馬飛瀑

動作　虛步劈劍

①右腳尖內扣約45度，朝西偏南落實，右腿屈膝坐實

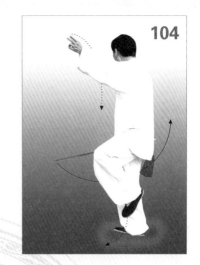

提左腿，腰向右轉；同時右臂內旋，手心朝下，將劍向右後下落，平劍、劍尖朝下指向北；左手同時向右略上平移，劍指指向南，手心朝右，高與胸齊；頭右轉，目視劍尖。（圖104）

②接著腰左轉朝南，左腿向南邁出，先以腳跟著地；同時右手臂外旋，屈肘將劍向上舉，使右手心朝裡置於右肩上，高與頭齊，劍尖朝後上；左手同時由前屈肘畫弧橫收於胸腰前，手心朝下，劍指朝西；眼神關顧右手舉劍。（圖105）

③前勢不停，左腳尖外撇踏實，重心前移，上右腿，腳尖著地成右虛步式，方向南偏西；隨上步，右手以正手劍將劍由後向前上、再向前下劈，劍與臂順直，劍尖與膝平，力達劍刃前下端；同時左手劍指手心朝下，向左、向前、向右繞一小平圈後與右腕相合，劍指附於右腕脈門處，兩臂呈弧形，眼視劍尖（左手劍指也可不繞圈，直接隨勢合於右腕）。（圖106）

【要領】

①做動作①右腳內扣時，腿胯之間要同時稍向下鬆沉，並保持身勢平穩；接著左、右腳上步要連續，也要身勢平穩，不要忽高忽低。最後右腳虛步著地時，注意腿不要過直而顯頂勁，也不要過屈而虛實不清，腳面也不要過繃，腿部各關節要鬆實，似有一動即可接下一勢的輕便之感。

②前一式「流星趕月」為返身劈劍，其勁勢是由後向前劈。此式為虛步劈劍，其勁勢是由上而下，形似天馬由空而降。故其劍要由後向上，繼而向前下掄劈，劈劍方能飽滿有力。其掄劈之勢以腰為主宰：以腰右轉左旋領劍為始，以實腰、斂臀、收胯為終，隨之左右兩臂一展一聚，使劍分之則圓順，劈之則力驟。劍下劈時，肩、肘、腕聯動而鬆定，臂不露僵。勢定時，注意與點劍的區別：劍與臂平直，不要提腕。

③左手劍指的配合（或抹圈或不抹圈，或大或小），全在得機得勢，順其自然。展抹圈時，不宜過分突出左臂而喧賓奪主；不抹圈時，左臂也不能顯得拘、緊，從而影響右臂劈劍的力度。

【用法】

得機時向對方中下部劈去。

第二十八式　挑簾式

動作　獨立挑劍

①前勢略頓，隨即抬右腿向西偏北邁出，先以腳跟著地，重心仍在左腿；同時右臂屈肘外旋，手心轉朝裡上，使劍尖抬起裡收，繼而將劍向左側畫弧，劍尖朝左上，立

劍，手心朝裡落於左腹前，左手劍指隨右腕，手心朝下，兩臂圓撐，眼隨劍尖左視。（圖107）

②接著腰右轉，重心右移，右腳尖外撇踏實，左腿收回提起成右獨立步；同時右手持劍由身左向下、向右前上立劍畫弧上舉至右額前上方，手心朝外，劍尖朝西。畫弧時力在小指一側劍刃中前部滑動，猶如用劍將門簾反手挑起。左手劍指隨右腕畫弧，勢定時手心朝外，頭朝西，眼神顧及劍尖畫弧而前視。（圖108）

【要領】

①由動作①到動作②，右手持劍畫弧上挑要連續，右手腕、指要鬆活，使劍柄在手中靈活轉動；右臂上舉宜伸直而微屈，手臂不要過於向後拉，要使肩部不張不聳而鬆拔；左手劍指隨右腕繞轉，既不遠離，也不靠近，若即若離；繞劍時肩肘不夾身，勢定時左臂圓撐。

②動作①抬右腿和動作②重心右移，均要保持身勢平穩，不要高起，當重心全移於右腿時，隨提左腿、劍上挑，右腿再立起；勢定時右腳尖和身朝西北，左膝尖朝西，兩膝微開襠圓，小腿自然下垂微收，腳心對右膝；右腿撐直不硬挺，收胯、長腰、拔背，周身上下中正、挺

拔、鬆定、神寧。

③圓轉挑劍過程速度稍快，獨立
舉劍宜稍緩穩，整個動作要劍、身協
調一致，舒展順達。

【用法】

設有人從右側刺向我中部，我即
以反手截其劍，挑其腕。

第二十九式　左右車輪

動作1　蓋步左掛

腰向左下鬆轉，左腿
向前下落，腳尖外撇踏
實，重心前移，右腳跟微
抬起；同時右手握劍向前
下落，劍尖朝前下，向身
左側回掛，力貫拇指一側
劍刃中前端；左手劍指隨
右腕，眼隨劍尖移視。
（圖109）

動作2　弓步掄劈

隨即右腿上前一步，蹬左腿弓右腿成右弓步式；隨上
步、弓步，右手持劍由後下向上向前掄劈，隨掄劈而旋腕
成正手劍，劍尖朝正西，高與胸齊，劍身與右臂平直，力
貫劍下刃前端；同時左手劍指由下向後上分展，劍指朝
東，與右臂平直。眼隨劍尖前視。（圖110）

「蓋步左掛」和「弓步掄劈」為「左車輪」。

動作3　提膝右掛

重心後移屈坐，右腿提起收回；同時右手持劍臂外旋、屈肘屈腕將劍柄向胸前提回，劍尖下垂向右腿膝前右側回掛，力貫拇指一側劍刃中前端；左手劍指從後平收於右腕側，手心朝外，兩臂呈弧形，眼隨劍尖回視。（圖111）

動作4　退步後刺

接前勢不停，右腿向後撤步，先腳尖後腳跟，使腳尖朝西北下落，重心後移坐實，隨之左腳跟微起，擺正成左虛步式，腰同時向右後轉；與此同時，右手持劍仍使劍尖朝下回掛，隨掛隨著臂內旋，成正手握劍，向後下約45度伸刺，力貫劍上刃前端及劍尖，劍身與手臂順直，左手劍指相隨指向右腕，手心朝下。勢定時，劍朝東，身朝北，頭右轉，目後視劍尖。（圖112）

「提膝右掛」和「退步後刺」為「右車輪」。

【要領】

①「左車輪」以下掛劍和掄劈劍兩式相連。下掛時劍尖垂直下落向後勾掛，其手腕要內扣、臂要圓屈，並配以落左腳、擺腳尖、腰向左擰轉而增加掛劍的力度。此時步

型為蓋步，為上右步的過渡，故要注意兩腿間要虛合，上體要自然中正，兩臂肘要圓鬆，使周身撐而不僵。

動作2由掛轉劈要先內旋手腕，此時注意鬆肩活肘；由後向前劈時，手不要上舉過高，以腰向前轉和沉肩墜肘之力向前展劈，此時注意兩臂上下圓展，對稱平直，步到、劍到、勢到。

②「右車輪」以「反手掛劍」和「後刺劍」兩勢相連：「反手掛劍」的掛劍之力，由翻腕、向下扣腕和屈肘同時完成而產生，並配以重心後坐、斂臀、拔背和肘勁、腰勁，以增加反掛劍的力度。此時右腿虛提，為退步的過渡，故注意身體勿起，腿勿夾，動勢勿斷。同時注意起右腿時要輕蹬地而起，起後收住左腿胯，使重心不過早後仆，而使身法中正自然。

由掛接刺，右轉身、後刺與落步後坐、左腳跟虛提擺正要同時完成。此時注意兩腿間要膝開襠圓，上體勿偏勿趴，右肩不探，左腋不夾，使周身拗而通靈。

【用法】

設對方從前向我左側刺來，我以左掛劍化解對方後退，隨即上步撐劈；對方又從我右側襲來，我以右掛劍引化；若對方被我引向右後，即向對方跟刺。

第三十式　燕子銜泥

動作　虛步點劍

前勢不停，抬左腿、腰左轉、面朝西，接著左腿向前下落，腳尖外撇踏實，再上右步，腳尖著地成右虛步式；同時隨轉腰提左腿，右手屈肘將劍提至右肩上部，手心朝

裡，劍尖朝後，落左足、上右步時，將劍由上部向前下劈，劍尖將到位時，腕部輕提、劍尖下垂成點劍，力注劍尖；劍尖與膝平，右臂微平屈；與此同時，左手劍指手心朝下，先隨腰向左畫弧，當上右步劈點劍時，由左向前畫弧與右腕相合，臂呈弧形，目視劍尖。（圖113、114）

【要領】

①此勢要與上勢「左車輪」緊連，即：隨後刺之勢，已寓回轉之機，後刺剛一到位，左足即提，頭即回擺，腰即左轉，隨之連上兩步，舉劍劈點，左手相合。全式要轉換輕捷，步履平穩，周身透鬆，勁蓄於動；劍身一致，步到、劍到、勁到，力釋於定。

②「燕子銜泥」以點劍為主，劈點相連。右臂下落點劍將到位時，迅速扣提手腕，輕合手指，帶住劍柄，下垂劍鋒而增加點劍力度。但要注意提腕幅度不能過大，故作點劍之狀反而會失去點劍之效力。同時注意肩勿聳起，臂勿過直。

【用法】

接前勢，當我劍回掛對方來劍，對方不被我所引而退時，我反掛為劈點，傷其腕、腿、腳處。

第三十一式　大鵬展翅

動作1　撤步圈劍

前勢稍頓，此勢緩起，右腿提起向右後（北偏東）伸退一步，先以腳跟著地，同時左腿稍下蹲，身稍含。隨退步右手外旋手腕，使劍尖逆時針繞一小圈，手心朝上，劍尖朝左（南偏西），同時左手微橫收於胸前，手心朝下，與右腕相合。目左視劍尖。（圖115）

動作2　弓步崩劍

重心右移，腰身右轉，右腳隨之外撇（北偏東）踏實，繼之左腳尖內扣，左腿自然蹬直成右弓步式；同時兩臂向左右分展：右臂以肘領腕，以腕領劍，邊抽邊向右前上崩展，手心朝上，劍尖與頭齊，劍身與手臂平直，力貫劍外刃前端；左手弧形向左後下圓展，手心朝下，劍指朝後，高與右臂劍對稱斜平。目視劍尖。（圖116）

【要領】

此勢猶如太極拳動作中的「斜飛式」。

①做「撤步圈劍」動作時，左腿要隨右腿後撤向下略

屈蹲，使身勢稍低，上體微含；兩臂圓轉合抱要輕柔，鬆肩鬆背，腋下鬆空；動作過程緩起緩落，協調一致。

②做「弓步崩劍」動作重心右移時，要胯鬆襠沉，右腳尖外撇與左腳尖內扣，要依次完成，不要同時或右腳不到位左腳就動，其根散亂。轉腰、弓步、崩劍、分手要同時完成。右手分劍時其勁力由腰始，肩、肘、腕節節貫穿，不要做成削劍的形式。當劍將要到位時，右手迅速向前抖腕平崩，力達劍鋒。左手劍指後展，其高度不宜低也不宜高，與右臂前後順展，使右手崩劍向前發力時，似有與左手向後對襯的感覺。整體動作舒展、大方、勁整。

【說明】

「大鵬展翅」動作的做法，除上述介紹外，還可將崩劍動作做成上雲抹、下橫掃的動作。其做法是：身勢右移時，右手仰手持劍向右前上順時針圓轉雲抹一大圈；當劍向右後回擺時，重心回移到左腿成仰身回雲劍；接著變俯手握劍向左向前右下橫掃，此時重心又移回右腿，接著連做下勢「海底撈月」而一氣呵成。

此動作劍法以削、雲、抹、掃，身法以展臂活腰、左右轉換虛實、兩臂屈伸開合等大幅度圓展動作，展現「大鵬展翅」的雄姿，具有獨特的表演藝術效果，亦符合劍術用法和太極韻律，故加以介紹，供習劍者參考。

【用法】

設對方從右側向我上部襲來，我低勢右轉，用柔劍攔其劍，或用崩劍截其腕。

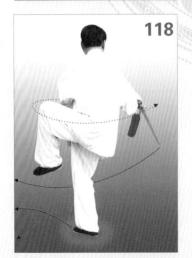

第三十二式　海底撈月

動作1　扣腳豎劍

右腿重心不變，右腳尖內扣 45
度踏實；同時鬆沉腰胯，右手持劍柄
迅速沉肩、落肘、收腕於膝前右側，
手心朝左，豎劍，力注劍身；左手劍
指畫平弧收至右腕側，手心朝下，兩
臂圓撐，目右視。（圖 117 及其後視
圖附 117）

動作2　提膝後撩

抬左腿，腰身右轉，右腿微起仍
屈坐；同時右手內旋手腕，反手將劍
向下、向身右（東）撩，劍尖斜朝
下，力達小指一側劍刃前端；左手劍
指隨勢指向右腕，頭右轉，目視劍
尖。（圖 118）

動作3　弓步前撩

腰身左轉朝西，左腿前落，腳尖
外撇踏實。接著上右步、蹬左腿、弓
右腿成右弓步式；隨上步、弓步，左
手心朝下，劍指隨身平摟而向後展，
最後劍指指向東，手心朝右；而右手
翻轉手臂，隨右腿向前反撩，手心朝

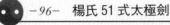

上，立劍，高與腰齊，劍與臂平，力達小指一側劍上刃前端。眼隨劍尖前視。（圖119）

【要領】

①「海底撈月」劍法為一豎兩撩。豎劍時沉肩、墜肘、坐腕，使劍尖鈎回豎直而穩定；同時鬆腰胯，收劍指，背圓臂合，將勁力蓄存於劍身。

②做「提膝後撩」動作時，抬左腿、右轉腰，要與旋腕後撩劍一動俱動；此時右腿略坐起，在劍尖將到位時，手腕向後一揚而帶住劍，使力由劍內刃中段注向前端及劍鋒，勁勢同定，一到俱到。

③接做「弓步前撩」時，左轉體、落左步與右手外旋翻腕要一致；上右步弓腿、劍指向後摟擺與劍由後下向前反撩也要一致，注意劍尖不要擦地。撩劍時鬆指屈腕，將劍由後帶向前將到位時，肘、腕一沉帶，將劍尖撩起，使劍力由劍刃中部貫向劍尖；劍撩出後，劍尖朝西，身朝南偏西；右臂不宜太直，兩臂前後對稱，肩與胯，肘與膝，手與足上下相合，身型舒展、端莊。

【用法】

對方從右方向我平斬，我以豎劍攔之，隨即反手向對方腕部撩去。若對方從左側刺來，我閃步避其鋒，再進步向對方下部撩去。

第三十三式　懷中抱月

動作　虛步帶挑

前勢微頓，重心後移，腰左轉，右腳收回，腳尖落於左腳內側點地，同時屈膝下蹲成丁步；右臂屈肘，將劍稍上、再向後下回帶，手心朝上，平劍落於左腹前，劍尖朝西，高與胸齊，力貫劍脊；同時左手由後向上、向前下屈肘畫一圓弧，手心朝下輕合於劍柄處，兩臂呈弧形，眼視劍尖。（圖120）

【要領】

此勢與前第十五式「宿鳥投林」的「虛步帶挑」同，唯後退時左腿不抬，下蹲動作也類似，但姿勢要稍高一些。抱月時左手劍指畫一立圓弧，似攬月於懷，動作要輕柔自然。

【用法】

設對方從高處向下刺來，我順勢黏帶其劍後以劍尖挑其腕。此勢守中寓攻。

第三十四式　哪吒探海

動作　獨立下刺

前勢不停，上右步，腳尖稍內扣，右腿直立；提左腿，膝尖朝南，小腿自然下垂，上體稍前傾，身朝西南；右手將劍身下探，臂隨探隨內旋，使手心朝左上（介於仰

手與正手握劍之間），使劍面斜朝左上方向前下刺，劍身與手臂順直，力貫劍尖；左手劍指隨探勢向後、向上前繞一立圓置於額頭左上方，手心朝外，劍指遙指劍尖，臂呈弧形，眼視劍尖。（圖121、122）

【要領】

上右步時，左腿仍坐實，身體不起，當重心前移時，再隨右腿直立而逐漸高起。下探勢身略前傾 20 度左右，過直力不到，過傾則易僵。注意肩不聳不探，背不趴不彎，臀不撅，腿直而寓虛，周身斜中取正；左手畫弧以劍指領臂畫圓，與劍下探形成直與圓、剛與柔的協調配合。勢定時，劍指遙對劍尖，形成上下呼應、勢整不散的姿態。

做此勢宜緩起快刺，起時與前動要機勢相連，刺後與後勢相接。

【用法】

設對方後退時，我隨機下刺對方腿腳部。

第三十五式　犀牛望月

動作　橫步撩抽

屈蹲右腿，腰左轉，左腳向東橫落一步，腳尖內扣朝東偏南落實，弓左腿、蹬右腿，右腳尖隨勢內扣朝南成左側弓步式；同時右腕豎起，手心朝裡將劍向上、向左撩抽至左額前，立劍，劍尖朝西，力貫劍內刃中前端；左手劍指順時針畫一圓圈，再附於右腕處，手心朝外；眼神顧劍尖右視。（圖123、124）

123

124

【要領】

邊屈蹲右腿，邊橫落左步，邊左轉腰，一動俱動；右手抽劍，先稍上撩，再屈肘橫抽，注意腋下鬆空，肘不夾肋；左手畫弧，以指領臂，臂圓勁撐；眼神先顧及左手畫弧，後隨兩手相合再右視劍尖；弓步抽劍、兩手相合，一到俱到。注意虛領頂勁，鬆肩背，落腰胯，身型工整，氣舒神寧；速度宜稍緩。

【提示】

「懷中抱月」、「哪吒探海」和「犀牛望月」這三勢在演練時要器勢相連，環環相扣，動作不急不躁，快慢適度。左手劍指連畫三個圓弧，其意是配合劍法並表現劍式名稱的含義，不僅要起到協調身形劍法的作用，還要起到傳神達意的效果，從而使劍術的體（身形）、用（劍法）、藝（藝術）三者較好地結合起來。

【用法】

設對方用劍向我上部襲來，我就勢後退，劍由下向上撩防帶回，以待其變。

第三十六式　射雁式

動作1　跟步劈點

腰左轉向東南，右腿跟半步，重心仍在左腿屈坐，但比前勢稍高；同時右手持劍隨勢直接伸臂前劈，將到位時輕扣手腕，將劍尖略下點與腰齊，力達劍鋒，右臂略高與肩平；左手劍指落於胸前，手心朝下，目隨劍尖前視。（圖125）

動作2　虛步抽劍

右腿屈膝後坐，左腿稍前移即落，腳尖朝東南著地成左虛步式；與此同時，右手持劍回抽，將劍柄抽至右胯旁，手心朝裡，微沉腕，劍尖朝前稍上，與腹齊；此時左手劍指向前伸，直指東南，腕微沉，目前視。

125

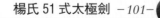

（圖 126）

由「射雁式」到「鳳凰雙展翅」，動作方向均朝東南或西北。

【要領】

「射雁式」劍法由劈、點、抽、壓組成，劈與點相連，抽與壓相合。伸臂即劈，其意在擊；扣腕即點，意在傷腕，形為小三角，故動作宜快而緊湊；後坐時膝開襠圓，身法中正；左手劍指前伸，與抽劍要配合協調，眼神隨劍指前視，意識專注，不可怒目故示精神。

【用法】

設對方從我左側向我中部刺來，我即向前劈劍以示攻、點劍以傷其腕，隨之後退抽壓，亦防對方來挑我腕。

第三十七式　青龍現爪

動作1　提膝掤刺

右腿重心不變，收提左腿；同時右手持劍迅速向前（東南）掤起直刺，立劍，劍與手平，高與胸齊，力先在劍上刃中部，再隨刺注向劍尖；左手同時回收，手心朝下，置於劍柄處，眼隨劍尖前視。（圖127）

動作2　併步抹刺

①左腳向前虛伸，未待落地，兩手即同時向左右抹展，高與腰齊。隨展，右手持劍內旋，使手心朝下，力在劍內刃滑動，劍尖朝內稍上斜與胸齊；左手心朝下，劍指向前。此時兩臂呈弧形圓撐，眼神稍顧及劍身。（圖128）

②接著左腳落地，重心前移，右腳跟進與左腳平行，同肩寬下落，隨落腳兩腿直立成併步式；與此同時兩臂外旋，兩手向內向前合攏、前伸、平刺，左手捧右手，手心皆朝上，劍與臂平，高與胸齊，力下沉而注劍尖；體、劍均朝東南，眼隨劍尖前視。（圖129）

【要領】

①「青龍現爪」的劍法，包括「刺」、「抽抹」、「沉刺」。「刺」的含義是：用我劍上刃將對方來劍由下向上，但劍尖仍前刺，此為一舉兩用。勢稍定時，虎口朝前，劍與腕平，腕與肩平，肘略低於肩腕；收提左腿時，身並不高起，而與收劍指、伸臂刺劍要一動俱動，一蹴而就。

②「抽抹」，是對方劍欲向我右下繞襲，我隨其勢抽抹撥化其劍。「沉刺」與「抽抹」緊連，對方不得勢欲退

抽劍，我劍在其上，即進步、併步前刺，刺在劍尖，「沉」在劍脊，有黏隨進逼之意。故做「併步抹刺」動作①時，劍向右後抽抹，要包含向前的機勢，此時右腿要收坐，身要含，同時伸左腳以伏下進逼的蓄勢；做動作②時，落左腳，重心前移，兩手內合，此時身體並不高起，當右腿提落、兩手合攏前刺時，兩腿再逐漸立起，勢定時身體端正沉穩。

【用法】

設對方見我處守勢，用劍向我中部刺來，我劍由下向前上　架直刺；對方閃繞向我右下襲來，我即抽撥抹劍引化，隨即併步前刺。

第三十八式　鳳凰雙展翅

動作1　撤步圈劍

左腳尖內扣 45 度屈膝下蹲，右腿提起向後（西北）撤一步，先腳跟著地；同時右腕逆時針繞一圈，使劍尖在身前畫一立圓，最後劍尖朝左，手心朝裡上，臂橫於胸前；左手同時變劍指，手心朝下，順時針畫一小圈，最後合於右小臂上，手心仍朝下，眼神顧及劍身。（圖 130）

130

動作2　弓步削劍

重心右移，體右轉，同時右腳尖外擺（西北）落實，弓右腿，蹬左腿成右弓步式；與此同時，右手將劍由左下向右前上平劍斜削，手心朝上同肩高，劍尖與頭齊，劍與臂順直，力

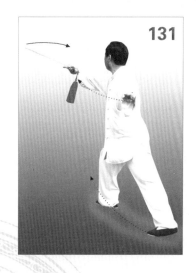

達拇指一側劍刃前端及劍鋒；同時左手劍指向左後下圓展，手心朝下，劍指朝後，與右臂前後斜平。目隨劍尖而視前方。（圖131）

【要領】

①「扣腳圈劍」動作與「鳳凰右展翅」的「扣腳圈劍」要領相同，唯動作由高勢變低勢，蹲腿、撤步、圈劍同時完成；勢稍定時，兩臂微圓撐，身不過俯，臀部不撅，周身順達，勁勢蓄存。

②前「鳳凰右展翅」劍法以截格、刺劍為主，「大鵬展翅」以崩或雲劍為主，而此勢劍法以攔、削為主。故右臂運劍宜舒緩圓展，力在劍刃上滑動，且走勢穩定不突變，配以腰腿之力，在劍將要到位時，使身勢拔長開展，前後手臂對襯，內力持續貫注劍鋒，使劍力不空不軟即可；注意重心右移時，右胯、臀不要前送，要邊移重心邊收轉右胯根，使身形端正。

【用法】

接前勢，我以圈劍攪撥開對方劍的纏繞，並轉身向後攔削以應對身後來敵。

第三十九式　左右跨攔

動作1　提膝右擺劍

重心前移提左腿，右腿仍下坐，腰微右轉；同時右手持劍將劍尖畫立弧向右擺平，手心朝內，立腕立劍，劍尖

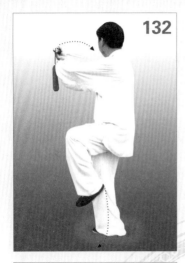

朝北，力在劍尖；左手劍指同時由後向前畫弧合於右腕內，手心朝外；眼隨劍尖。（圖132）

動作2　左弓步割攔

前勢不停，腰左轉，左腿向左前（南偏西）跨出一步，弓左腿、蹬右腿成左側弓步式；隨跨步弓腿，右手立腕持劍將劍柄向左帶，使劍身立劍由右向左橫割平攔，右手與左肩相對，劍尖朝北稍上，與耳齊，力向劍內刃中前端滑動；左手劍指隨右腕移動，手心朝外，兩臂弧形圓撐；勢定時，身朝西偏南，頭朝右，目視劍尖。（圖133）

此兩動為「左跨攔」。

動作3　提膝左擺劍

此式與「提膝右擺劍」動作相同，唯方向相反。注意劍由右向左擺動時，以扇面形式向左畫立弧，右手位置基本不變，僅以手腕轉動，改變虎口方向，手心仍朝裡即可；左手劍指仍隨右腕，右腿提起。眼神顧及劍尖移視。（圖134）

動作4　右弓步割攔

此式與「左弓步割攔」動作相同，唯方向相反。注意當伸右腿跨步

時，右手持劍同時內旋，使手心翻朝外，仍為立劍，劍身平，劍尖指向南，手臂位置基本不變。當弓右腿時，右手持劍同時向右橫平割攔，高與右肩齊，與右膝上下對；勢定時，右手心仍朝外，劍尖向左稍上，身朝西偏北，頭朝左，眼左視劍尖。（圖135）

此兩動為「右跨攔」。

【要領】

①「左右跨攔」劍法以「割」、「攔」為主，其中的「擺劍」是劍尖隨對方「走」而「走」的防禦性攔擊動作，故此勢中的「擺劍」動作應與前勢「展翅」動作在機勢上相連。當劍向右（或左）擺時，右臂稍前送，並與劍指合、腰右（或左）轉、抬左（或右）腿勁隨勢連。注意劍擺擊時，身與臂不要過於前探而歪斜，抬後腿時前腿要沉坐，不要高起，膝和襠勿夾。

②「左右跨攔」的「跨」實為「閃」，意即閃身躲避。右邊來劍時，劍尖在右防護，身向左閃，隨之劍向左橫移觸敵腕為割，觸敵劍為攔，其左右含義一樣。

③「左右跨攔」由於劍身呈橫平運動，劍的著力點與劍柄力的支撐點正好相反，握劍方法如不當容易產生「拗勁」，劍、手、腕之間容易出現「犯強」或「漂浮」的感覺，故在運劍時應注意把法的變化。比如做「左跨攔」動作：劍先伸向右時為螺把，此時劍與右臂的夾角為鈍角約

150度；橫向移至左端時漸變為鉗把，此時劍與臂的夾角為銳角約40度。也就是說，手指、掌、腕在運動中不斷變化握劍形狀，劍刃上的著力點還要始終存變於其中，這種握劍法在技術上要求做到：運劍鬆，著劍實，活而不軟，實而不僵，變化靈活。

④「左右跨攔」的步法、身法亦要求「拗中取順」，配合協調。跨步時要輕靈自然，隨伸隨落，避免出現高伸直落的弊病；腰身要向弓步一側稍傾拔長，與後腿保持順達。注意身勿過探，肩勿過扭；虛領頂勁，鬆肩鬆背；腋下鬆空，兩臂圓撐，使劍、手、臂、步、身勢整勁通。

【用法】

設敵在我前方用上刺劍來襲，我身向左（或右）閃避，而劍在下，向上可攔其劍，橫向可割其腕。

第四十式　射雁式

動作1　提膝劈點

此勢與第三十六式「射雁式」的「跟步劈點」動作基本相同，唯開始時重心向左移，右腿回提；同時右手正手持劍向西北斜方劈點，身體右轉於同一方向，左手劍指隨右腕，手心朝下；眼隨劍尖前視。（圖136）

動作2　進步抽劍

此勢與第三十六式的「虛步抽劍」基本相同，唯方向相反，右腳向前落步，左腳再上前一步。（圖137）

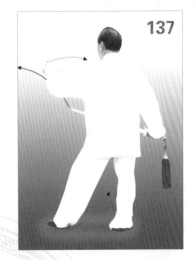

【要領】及【用法】

可參考第三十六式。注意開始做「提膝劈點」動作時，右腿隨重心左移要不露形地輕蹬地面而起，以使動作移動平穩、快捷。

第四十一式　白猿獻果

動作1　提膝掤刺

此勢與第三十七式「青龍現爪」的「提膝掤刺」動作相同，唯方向相反，可參閱第三十七式動作說明。（圖138）

動作2　虛步平斬

①腰胯微左轉，左腳向正西伸出下落，先以腳跟著地，腳尖外撇。同時兩臂向左右平展，邊展邊內旋使手心皆朝下，腕與肩高，右手持劍使劍尖稍內扣，劍身與臂平，力貫劍內刃，左、右兩臂對稱圓撐，眼神顧及兩手分展而移視劍尖。（圖139）

②接著左腳踏實、重心前移，左腿漸高起，右腳向前邁出，以腳掌著地成高右虛步式，腰身亦轉朝西。同時兩臂外旋，手心皆朝上，隨上步向

前合抱。右手持劍隨臂外旋使劍尖向右撥開，再隨合抱而平斬，手高與鼻齊，劍尖朝西與臂平，力達劍尖內側；左手劍指變掌，托抱右手背，兩臂前伸微圓撐，眼隨劍尖前視。（圖140）

【要領】

①「白猿獻果」與第三十七式「青龍現爪」在動作和技術要領上基本相同，區別在於「青龍現爪」的第二個動作是「併步上刺」，而「白猿獻果」的第二個動作是「虛步平斬」，其「虛步平斬」的劍法是接「掤刺」而變「平斬」。

②在做「虛步平斬」動作時，其劍法先「撥」後「斬」，即先開後合，開為虛為蓄，合為實為放。注意右臂展時劍尖仍朝裡，劍身與手臂呈內三角形，及至臂外旋時，劍尖再向外平撥，呈外三角形；接著合臂平斬，劍將到位時，腕力微帶，使力貫至劍鋒，其一撥一斬劍勢略高平，勢如太極拳中的「高探馬」。

③此勢一開一合，腰為主宰。做「虛步平斬」動作，當左腳向正西上步時，腿胯微向左鬆轉，而腰身隨右臂右展向右襯，身勢要隨兩臂的分展而鬆開；當兩臂合、上右步、左腿立起時，腰身微左轉而聯動，劍、身、步也一到俱到，勢到勁到，轉腰含而不露。勢定時，左腿蹬而胯沉，右腿虛而腳掌實，膝微開而襠圓，做到下盤鬆定穩固；鬆腰提脊，虛領頂勁，做到上下撥長；肩沉背圓，臂

舒劍引，做到前後貫力，從而使整體身勢上下、左右、前後勁勢開合併存，勢高而不浮，立身中正，自然飽滿。

【用法】

接前勢，當我用刺劍出擊對方時，對方向左抽逃劍，我即向右擺劍逼封。當對方未及反應，我劍頭回擺，用平劍斬傷對方上部。

第四十二式　左右落花

動作1　提膝左帶

左腿微後屈蹲，收右腿，腰微左轉；同時右手仍仰手持劍向左平帶，手略高於肩，劍尖朝前；左手變劍指附於右腕，手心翻朝下，隨右腕後移，兩臂呈弧形；眼隨劍尖前視。（圖141）

動作2　退步翻劍

接前勢不停，右腿後撤一步，先腳尖著地；同時右手內旋翻腕成俯手握劍，將劍尖翻擺至左前方（南偏西），劍平；左手劍指仍附於右腕，手心朝下，兩臂呈弧形；眼神略顧及劍尖翻擺而前視。（圖142）

動作3　後坐右抹

接前勢右腳跟內收落實，重心後移，腰右轉，左腳尖隨移隨擺正成左虛步式；同時右手持劍弧形抹向身右前側，高與肩齊，劍尖朝前稍高，稍內收，力在小指一側劍刃中部向劍尖滑動；左手劍指仍隨右腕，手心朝下，兩臂微圓撐；眼神顧及抹劍而前視。（圖143）

上述1、2、3動為「右落花式」，接下來4、5、6動為「左落花式」，左右相反，動作相同，只是擺抹劍的幅度比前式略開展，也比前勢略低，後腿的屈坐也比前勢略沉。

動作4　提膝右帶

右腿仍屈蹲，收左腿，腰微右轉；劍向右後側略帶，左手劍指仍隨右腕，目隨劍走。（圖144）

動作5　退步翻劍

前勢不停，左腿後撤一步，先腳尖著地，同時右手外旋翻腕成仰手握劍，將劍尖翻擺至右側，劍尖朝北，劍平；左手劍指仍隨右腕；眼神顧及劍尖翻擺。（圖145）

動作6　後坐左抹

　　接著，左腳跟內收落實，重心後移，腰左轉，右腳尖隨移隨擺正成右虛步式；同時右手持劍由右向前、向身左畫弧平抹，手高與胸齊，劍尖朝前，稍內收，力在小指一側劍刃中部向劍尖滑動；左手劍指仍隨附於右腕，手心朝下；目前視。（圖146）

　　「左右落花」共五勢，此動接下來為「右落花」、「左落花」、和「右落花」三勢，動作相同，方向相反，只需注意每一勢比上一勢劍勢稍開、稍低，後腿落地也比上一勢稍開、稍低，最後一勢右手持劍在身右側，手高與胯齊，劍尖朝前，稍高，稍內收；左手劍指仍隨附於右腕。（圖147）

【要領】

　　①「左右落花」劍法以「帶」、「抹」為主，翻擺劍為其過渡。「帶」劍為閃式，邊閃邊退；「抹」劍為攻式，「抹」中含「攔」，攔、

抹相連，即邊退、邊攔、邊抹，以退為進，攻防兼備。此勢為避防對方連續進攻而退，故其勢一勢比一勢開，一勢比一勢低，不唯示「落花」之象形，還實為劍法之需要。所以在運劍過程中，劍身以聽勁連隨為主，含機變於內，寓剛於柔，連綿不斷；兩腋與肘始終鬆空，不夾不僵，勿使自縛其身；劍尖外擺，手臂不要特意外展而使勢散，應在擺劍的同時手臂即含向內攔抹的勁勢；在做帶劍與抹劍的過程中，劍尖要稍內收，不要外張。

②在連續退步過程中，應注意虛實分清，撤步時重心不過早後移，身勢不過前俯；後坐時鬆轉腰胯，保持身法中正；退步也一式比一式稍遠、稍寬、稍低；劍、手、步、身配合協調，圓轉柔順，不急不躁。

【用法】

設對方用劍截刺我腕、肘，我帶劍先閃，再以我劍身攔其劍，劍尖抹其臂腕，對方如連進，我即連退閃化攔抹。

第四十三式　玉女穿梭

動作　弓步下刺

前勢不停，提左腿，右手持劍稍向上平揚，劍尖仍朝西，手心朝外下，高與肩齊，力掤劍脊；同時左手劍指向左經左膝上分展，手心朝下，高與胯齊。（圖148）

接著，腰身轉朝左，左腳向正南邁出弓步，隨弓步右腳掌為軸碾

148

地，腳跟後轉，蹬右腿成左弓步式；同時，右手持劍小臂內捲使手心朝裡上，劍尖內收向正南下刺，隨刺手心轉朝上，劍與臂平，力貫劍尖，高與膝齊；左手劍指亦同時經身前弧形上舉，臂呈弧形，手心朝外，劍指朝西；目隨刺劍前視。（圖149）

【要領】

「玉女穿梭」劍法先「掤」後「刺」。掤為架，力達劍脊，手上舉略後抽，其力剛中運柔，隨抬左腿，展左臂，身勢略起，以蘊轉身進刺之機；轉身進刺，注意劍尖不外揚，屈肘翻轉劍身即刺，其勢宜速；左手劍指上舉為掤，與弓步進刺同進同到；注意右腳跟向後碾轉時，不露形，不泄力，勢要整。

【用法】

設對方見我劍向下退走，復向我上部襲來，我劍從其下速上架，再上前一步逼進，以我左掤推其右臂，以我劍刺向對方。

第四十四式　白虎攪尾

動作1　扣腳攪劍

左腿重心不變，腳尖內扣90度，體隨之右轉；同時右腕逆時針旋轉，肩、肘聯動，使劍尖畫一立圓，當劍將到位時，立劍橫切向下，使劍身橫在身左側，劍尖朝南，手心朝裡置於左膝外側，力達劍下刃；左手劍指落於右腕

內，手心朝下，兩臂呈弧形；頭向左，眼神顧及劍尖。（圖150）

動作2　弓步挑劍

勢稍定，接著抬右腿向正北邁出一步，腳尖稍內扣（北偏西）下落，弓右腿、蹬左腿成右側弓步式，腰身亦隨之右轉；與此同時，右手帶劍經腹前向右（由南向北）弧形前撩，並隨弓步翻腕屈肘，將劍尖挑起，手心向左，劍尖斜朝前上，高與眉齊，劍柄置於右膝前上內側，力先在劍上刃前端，隨挑而注劍鋒；左手劍指隨腕，手心朝下，臂呈弧形，目視劍尖。（圖151）

【要領】

①「白虎攬尾」的「扣腳攬劍」動作，劍法主要是「攬截」。這裡應留意，該動作的做法與前邊的「扣腳圈劍」（黃蜂入洞）、「扣腳壓劍」（順水推舟）動作做法基本相同，所不同的是此勢圈劍幅度略大，向下切截的力度明顯，故此處劍法用「攬截」以示區別。動作時應注意扣腳與攬截同動同定，同時鬆轉腰胯，肩、肘、腕聯動以協調和增強攬截劍的力度；此勢右腿不動，兩臂要圓撐，勁勢要稍定，定中寓動。

②接下來的「弓步挑劍」，實
際是「白虎攬尾」的繼續：抬右
腿、右轉體、抽劍為「撩」，為第
二「攬」；弓步「挑」劍為第三
「攬」。在具體動作時要勢連勁
隨，協調自然。注意抬右腿時左腿
不要明顯高起，右步邁時要穩捷。

【用法】

「白虎攬尾」主要是攻防前後
來犯之敵，攬截劍以解左側刺來之
劍，轉身撩挑以阻右側襲來之劍。

第四十五式　魚跳龍門

動作1　提膝平斬

①重心稍左移，但仍偏於右
腿，同時左腿稍屈，腳跟內收 45
度成丁八步，腰身左轉朝西；右臂
稍外旋，劍尖稍外擺，肩肘略沉
屈，同時左手劍指變掌向左平展於
左膝上，手心朝下，五指朝前，身形圓展，眼向前（西）
視。（圖 152）

②接著重心移向左腿而立起，右腿隨之提膝向前，小
腿下垂微內收，同時兩手翻掌心朝上，向胸前合抱；其右手
持劍向前平斬，劍與臂平，力達小指一側劍刃中前端；左手
托抱於右手背，兩臂呈弧形，眼隨劍斬而前視。（圖 153）

在做上述動作時，重心左移要鬆胯沉襠平移；左腿要

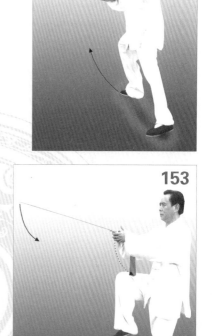

隨提右腿斬劍立起，但不能太直。

動作2　跳步擺劍

動作3　弓步下刺

「動作 2　跳步擺劍」和「動作 3　弓步下刺」，其動作做法與第七式「靈貓撲鼠」的「跳步擺劍」、「弓步下刺」相同，只是跳得稍高一些，不如前者跳得遠。但注意不要特意高跳而露上竄之形，肩、腿、胯、身要鬆活自然，把握「騰靈」的特點；接著弓步下刺，仍雙手抱劍，劍尖與膝平，劍身與臂直，注意身勢不過於前俯，弓步與刺劍協調。（圖 154）

具體做法、要領、圖示及用法，可參閱第七式「靈貓撲鼠」。

第四十六式　左右烏龍攪柱

動作1　提膝攔劍

重心後移，左腿屈膝坐實，右腿隨之提起，腰左轉；同時右手持劍臂外旋使手心朝右，向左上屈肘畫弧，力達劍內刃中前端，左手變劍指，手心朝外，隨腕畫弧；眼隨劍走。（圖 155）

動作2　弓步撩劍

接著，右腳向右前（西偏北）邁出落地，弓右腿、蹬左腿成右弓步式；隨右腳邁出，右手持劍向左後下畫弧，繼而隨弓步向右前上方反手撩劍，手心朝右下，力達劍內刃中前端，左手劍指仍隨右腕，手心朝前；眼隨劍尖前視。（圖156、157）

動作3　虛步後劈

前勢不停，重心不變，右腳跟稍內磨使腳尖朝西北，同時腰右轉，左腳向前（正西）邁出，腳尖著地成左虛步式；與此同時右手持劍從上向後下掄劈，劍尖朝東偏北斜下方，手心朝左，力達劍下刃前端；左手劍指同時從上向下、向前畫弧伸出，劍指指向正西，手心朝右，高與頭齊。此時身朝北、頭右轉，眼視劍尖。（圖158）

【要領】

①「左右烏龍絞柱」劍法為「左攔」、「右撩」、「後劈」，提膝抽劍即「攔」，弓步舉劍即「撩」，轉

身掄劍即「劈」，其勢猶如烏龍左右翻轉，舒展自如、奔放，使劍法一氣連成。

②整個動作腰為主宰：攔劍以左轉腰帶動，注意肩、肘鬆活，身勿高起；攔後劍向身後畫弧，右腳前伸是撩劍的過渡，要求劍、身、步配合鬆活自然，如閑庭信步；弓步即「撩」，劍從後向前上長腰舒臂，勁以勢貫，注意勢勿過仆，肩勿聳起；撩後劍勢似斷非斷，意連氣隨，接著掄劈，以右腿屈坐控制高度和重心，以腰右轉率動四肢，使劈劍有力，落步輕靈，劍指配合，對稱自然；整體動作要以劍領身，身促劍走，劍身協調，身勢靈活、連貫、中正、穩定。

【用法】

設對方向我上部刺來，我即抽劍攔其劍腕，如其抽劍復向我右側上部刺來，我即順勢畫弧向前撩其腕；如對方避向右側，我即右轉身復向對方下部劈去。

第四十七式　仙人指路

動作　弓步平刺

①右腿重心不變，提左腿，腰左轉，頭左擺，眼前（西）視；同時右臂屈肘扣腕，手心朝下，將劍尖回擺，劍平，劍尖朝西，高與胯平；左臂同時屈肘內旋呈平弧形圓撐於身前，手心翻朝前（西），劍指朝右（北），高與胸齊。（圖159）

②接著左腿上前一步，腳尖外展

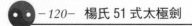

45度落實，右腿再向前一步，弓右腿、蹬左腿成右弓步式；同時右手持劍向前平刺，臂隨刺隨外旋成仰手握劍，手心朝上，劍與臂平，高與胸齊，力達劍尖；左手劍指隨勢向身前左上畫弧於左額角上，手心朝外，臂呈弧形，眼隨刺劍前視。（圖160）

【要領】

「仙人指路」劍法為「平刺」，分兩動做完。第一動提膝、轉腰、擺頭、扣劍、翻轉劍指要齊動齊定，動作要乾淨俐索。注意右腿要屈膝坐定，要有身動根不動的感覺；第二動弓步平刺要出步平穩、輕捷，劍、身、手配合協調，一到俱到。勢定時右臂平直，左臂圓展，沉襠拔背，頭正視平，身勢工整自然。

【用法】

接前勢撩劍，若對方抽步後退，我即上前刺其胸。

第四十八式　朝天一柱香

動作　側弓掛劍

右腿重心先不變，腰左轉，右腳尖內扣約100度；接著抬左腿，再向左（東）橫出一步，腳尖稍內扣（東偏南）落實，繼而重心左移蹬右腿成左側弓步式。與此同

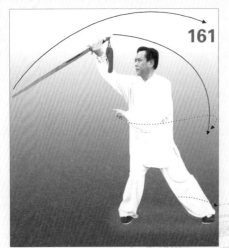

時，右臂先稍沉肘提腕使手心朝裡上，將劍向上回掛，繼而使劍柄領劍，向上、向左下畫弧下插，勢如插香。勢定時置劍柄於左腹前，手心朝裡，豎劍，劍面對身，劍尖朝上，劍力始終在小指一側劍刃中前段及劍脊處。左手劍指則先由上向右下，再向左下經腹前畫一立圓弧形，當劍柄下插將要到位時，劍指繼而向身左與胯齊畫一順時針小平圓，如同畫一香爐口，最後合於劍柄處，如同將香插於香爐中。左手劍指畫弧時手心始終朝下。勢定時身朝南偏東，兩臂呈弧形，眼神隨掛劍而移視。（圖 161、162）

【要領】

①「朝天一柱香」劍法為「掛劍」。掛劍有上掛和下掛之分，「左右車輪」為下掛劍，此勢為上掛劍。上掛劍時劍身要豎，連掛帶護，故有抽掛橫豎運劍形態；左手畫弧，先立圓後平圓，實為配合劍勢、劍力而自然形成，並非著意「沽名求形」；左手劍指也可變掌，與右手合抱而掛，以增強其力度。

②運劍過程由抽掛到豎掛，以柄帶劍，弧線相連，但略有緩急之分。扣右腳轉體，提右腕屈肘宜稍快，隨之往

後可稍緩；扣腳轉體宜鬆沉腰胯，一是要控制高低不起伏，二是控制抬左腿及邁出時能平穩；重心左移胯平襠沉；勢定時身正體鬆，劍豎臂圓，勁力暗注劍身，使豎劍力不空。

【用法】

設對方從左側向我中上部襲來，我即轉身用劍身橫掛其劍以攔其劍腕。

第四十九式　風掃梅花

動作　旋轉平掃

①左腿重心不變，腳尖內扣45度，同時右手持劍腕內旋，手心朝下，將劍平倒向左（東），高與腰平，力達劍脊；左手劍指置於右腕內，手心朝下，兩臂圓撐；目隨劍尖左視。（圖163）

②腰身右轉，右腿提起，再落於原位，腳跟著地，繼而重心右移，腳尖外擺朝西北落下，隨之左腿伸腳跟起；同時，右手保持俯手握劍不變，隨重心右移前伸，使劍尖弧形向前平展，力達劍內刃前端及劍鋒；左手劍指隨右腕；眼神顧及劍尖前視。（圖164）

③前勢不停，右腿繼續屈膝前弓使重心全部落於腳掌，左腿隨之

離地，此時以右腳掌為軸，腰身向右旋轉，左腿亦連擺帶掃迅速旋轉 360 度，使左腳先腳尖後腳跟落於原處，劍亦隨勢平掃一周。勢稍定時，重心仍在右腿，其腳尖朝南，左腳尖稍朝東偏南，身朝南，右手持劍橫平於身前，左手劍指仍隨附於右腕，兩臂仍呈弧形；眼神顧及劍尖前視。（圖 165）

④前勢似定非定，重心接著左移，蹬右腿成左側弓步；同時右手持劍繼續向身右前方（西南）平掃，左手劍指亦同時向身左平展，手心朝下，劍指朝南；眼右視劍尖前方。（圖 166）

【要領】

①「風掃梅花」劍法為「掃」。前第三式「燕子抄水」為斜掃 180 度，此處平掃大於 360 度，意為八方橫掃，四面攻防。故劍在隨體圓轉時，手臂要稍向外推展，使力在劍刃前端滑動，在劍鋒處掃動。

此式旋轉幅度大，類似太極拳「轉身擺蓮」的轉體動作，要求身體重心穩定，平衡中正，快慢適度，連貫自

然。其要點在於以「柔腰」為主宰，做好中（腰胯）轉、上（肩背）帶、下（腳腿）擺的相互配合。

②做動作②、③轉體時，右腳落地即要開始不斷右轉腰，在轉動中右腳尖外擺，重心前移使軸心漸移於腳掌，繼而碾轉腳跟，起左腿掃擺以助身體右轉。此時注意腳跟不能抬高，勿使腳腕「犯強」；左腿不可故意拋動前擺，要與轉腰動作協調；左腿也不能高抬，應如做掃蹚腿，左腳似有沾地而過。還要注意在旋轉過程中，右腿、膝、腕要鬆沉，要像彈簧似的彈性下沉，配以虛領頂勁，使身不起、不俯、不仰，中正自然平穩，落腳一次到位。右手持劍，其臂、肩、背從右腿起落、重心前移時，就要聯動向右帶轉，為右轉體產生平向拉力，從而增強轉體的靈活度和掃劍的力度。上、中、下盤動作既有層次，又節節貫穿而為一體。

③動作④是旋轉掃劍的繼續，中間不可停頓斷續，重心左移，兩臂分展要襠平、劍平，神勢舒展而閑逸。

【用法】

設對方被我劍掛開後，不及收劍而亮其胸，我即向前平掃，隨之旋轉，以防四面之敵。

第五十式　牙笏式

動作1　虛步平斬

左腿重心不變，右腿輕提向左移步下落，使腳尖著地朝正南成右虛步式；同時兩手掌心翻朝上向身前合抱，右手持劍平斬，劍朝南與臂平，高與胸齊，力在小指一側劍刃中前端，左手變掌托抱於右手；目隨劍移而平視。（圖

167）

動作2　併步上刺

①重心略後坐，身略前俯，右腳略起，兩臂屈肘略將劍柄向下回帶，手高與腹齊，劍尖與胸齊，力貫劍脊；眼神略回顧而前視。（圖168）

②右腳隨起即進，先腳跟後腳掌向前尺許下落踏實，左腿跟進，先腳掌後腳跟，與右腳平行，與肩同寬下落踏實；同時兩腿漸直立，兩手抱劍向前漸伸刺與臂平直，劍尖高與喉齊，立身中正，兩眼平視。（圖169）

【要領】

①「牙笏式」劍法為「斬」、「勒」、「刺」，動作以雙手合力完成，勢若持「笏」。「笏」，古時大臣上朝奏事手中持笏板，上寫所奏簡明內容。奏事於皇帝時，雙手抱笏兼掩其面，不得直視。「牙笏」即以象牙所製的高級笏板。此劍勢名有取其形之意。

②做「虛步平斬」動作時，劍與右腳同移同到，且左腿要坐實，

身勢平穩；做「併步上刺」動作時，右腳隨落即起，劍隨斬即勒，勒是向下抽壓劍；隨勒即上步，跟步上刺，此三勢要勢勢相連，一氣呵成。兩腿直立要徐徐而起，兩臂前伸要緩緩而刺，長腰圓背使腰、腳、手筋脈相連，勁力暗貫。

③此勢接近收尾，從「朝天一柱香」動作開始，到「抱劍還原」，其速度宜適當掌握平緩，與套路開始的動作保持相對一致。

【用法】

設對方劍向我中上部刺來，我以斬劍攔之，以勒劍封之，對方若回抽，我即前刺。

第五十一式 抱劍還原

動作 收 勢

①右手持劍在左手心上向內翻腕使手心朝下，將劍回倒平落於左小臂上，並將劍柄交於左手，左手反手接握護手處；接著兩手左右分開與肩平寬，手心皆朝上，眼神顧及交劍和分手而前視。（圖170、171）

②接著，兩臂屈肘沉肩下落，當落於兩胯旁時，兩臂漸內旋向身兩側後上舉，並使兩手心轉向前，再向身前合落，與肩同高同寬，手心皆朝下；此時劍已隨左臂圓轉內旋而轉至

左臂下，劍尖朝後。（圖172）

③繼而兩臂徐徐下落於兩胯旁；勢定時，左手持劍手心朝後，劍身輕貼於小臂，劍尖朝上；右手心朝裡，五指向下，兩臂自然下垂；立身中正安舒，兩眼自然平視。（圖173）

【要領】

①左手反手握劍手腕要活，控制劍尖輕貼臂內側繞轉，勿使劍尖觸體，也不能使劍尖離身體太遠。

②收勢也稱合太極，由動入靜，兩臂圓轉宜鬆展、舒緩、自然。注意最後要徐徐收斂心意氣息，也可由此周而復始，由「三環套月」的「弓步前指」重演。每趟下來4分鐘左右，直至意盡。